U0129848

我们 的 经典

人往低处走

《老子》天下第一

李零 著

生活·讀書·新知 三联书店　生活書店 出版有限公司

图书在版编目（CIP）数据

人往低处走 ：《老子》天下第一 / 李零著 . —— 北
京 ：生活书店出版有限公司，2023.11
ISBN 978-7-80768-412-1

Ⅰ．①人… Ⅱ．①李… Ⅲ．①道家 ②《道德经》－研
究 Ⅳ．① B223.15

中国国家版本馆 CIP 数据核字 (2023) 第 087433 号

责任编辑　廉　勇
装帧设计　汐　和　几迟 at compus studio
责任印制　孙　明
出版发行　**生活書店**出版有限公司
　　　　　（北京市东城区美术馆东街 22 号）
邮　　编　100010
经　　销　新华书店
印　　刷　天津睿和印艺科技有限公司
版　　次　2023 年 11 月北京第 1 版
　　　　　2023 年 11 月北京第 1 次印刷
开　　本　880 毫米 × 1230 毫米 1/32 印张 10
字　　数　200 千字
印　　数　0,001-5,000 册
定　　价　58.00 元
（印装查询：010-64052612；邮购查询：010-84010542）

老子像

北魏延昌四年(515年)
日本大阪市立美术馆藏

题辞

小孩的问题：我们从哪儿来？妈妈的回答是肚子——妈妈的肚子。她不敢说，那个皮囊的出口叫什么。说了他也不懂。

人一出生，就被派定角色，还没化装就匆忙登场，剧情没人知道。

一拨人上去了，一拨人又下来了……

谁是导演？

天会掉下来吗？地会陷下去吗？星星会砸着我们的脑袋吗？有人爱操这个心。

问题都是老问题：

小孩都归大人管，大人都归领导（过去叫帝王）管，领导都归老天管。老天又归谁来管？

答案是老天他妈，老天他妈的肚子。

目　录

自序

我对《老子》的兴趣，萌发比较早，持续比较长。回想一下，第一次接触《老子》，在什么时候？我记得，是在高中一年级。

初中三年，后两年，特别是最后一年，我的兴趣是背古诗，梦想学会写古诗，还有一手好文章。十五六岁，我犯了错误，在闭门思过，不是躲在家里，而是躲在心里，我和我——从前的我，简直判若两人。

上了高中，和我一起作诗的朋友不再和我来往。他读过斯诺写的毛主席的生平，雄心壮志不能已，他说，他要争取入团，不愿与我为伍，继续消极无为、堕落下去。

有一天，我的另一个朋友，非常淘气，其淘不让于我的发小张木生（现在是领导干部），多日不见，在路上撞见。我问他在干什么，他手执一卷书，居然说，他在读哲学，把我吓了一跳。

他挑衅地问，你懂哲学吗？诡秘的笑，挂在嘴角。

这句话在我脑子里响了很久。

我不服。

从此，我开始偷偷寻找一切带"哲学"二字的书，希望拿出点证明给他看。哲学，当然特外国，但中国的东西也不能少。当时我更好古。

　　我在暗地里使劲儿，包括读《老子》。我是把它当哲学书。

　　那阵儿，我记得，围绕《老子》，关锋和任继愈在吵架，关同志的气好像更粗。

　　插队期间，有段时间，我也迷哲学，甚至发过愿，要学德语。

　　有年冬天，我的朋友肖漫子带我去看杨一之，我向杨先生请教，居然提出要求，我想跟他学德语。他答应了，定下日期。

　　可是，糟糕的是，我跟别人打篮球，打得昏头昏脑，居然把日子给忘了。想起来，实在不好意思。那时谁家都没电话。我连个道歉都没说，也不敢登门去说。

　　那阵儿，有个年轻人，陈嘉映，倒是在攻哲学，而且好像学了德语，很多年后，风入松开张，我们又见面。当年，我去过他家，希望与他亲近。

　　我记得，他们兄弟几个，敢在楼顶四边的短墙上走路。

　　后来，他成了哲学家，我和哲学无缘。

不过，《老子》还是留在了我的心中。插队的时候，我读过一点研究《老子》的书，印象最深有四本，其中三本还在我的书架上，一本是高亨的《老子正诂》，一本是马叙伦的《老子校诂》，一本是任继愈的《老子今译》，还有一本是王重民的《老子考》。最后一本，我是跟别人借的。

比如，"'牝'是一切动物的母性生殖器官。'玄牝'是象征着深远的、看不见的生产万物的生殖器官"，就是任先生所明示，我牢牢记在心里。此书有修订版，最新一版叫《老子绎读》，上面还有这段话。

朱熹的暗示，牝是有个窟窿就可以插棍的东西，比如门闩和门闩孔，钥匙和锁子眼，就是这种关系，我也是听任先生讲。

1973年，马王堆三号汉墓出土的帛书本《老子》，对我很重要。这是一个不大不小的冲击，比银雀山汉简《孙子兵法》小，比其他书大。

我没见过高亨，见过池曦朝。他们讨论《道经》《德经》孰先孰后的文章，给我留下深刻印象。这个问题，一直有争论。

还有，翟青的文章，《〈老子〉是一部兵书》，据说是传达毛主席的意思，也是跟着这一发现才登出来。《老子》是不是兵书，也是很有意思的问题。

那时的人并不傻，傻的是政治气氛，跟政治跑的气氛。

当时的学术骨干，现在也是学术骨干，而且是元老。

研究马王堆帛书《老子》，高明老师是我的好老师。他的《帛书老子校注》，是替我们读书。读他的书，可以省去很多翻检之劳，留下工夫去思考。

1998年，郭店楚简《老子》发表，我参加过最初的讨论，包括达特茅斯会议、达园宾馆会议。我的《郭店楚简校读记》就是参加讨论的结果，其中也包括《老子》。

我是学古文字的。文字考订，对我来说，是最基础的东西，但不是最重要的东西。我更关心的是思想内容。

我不同意，郭店楚简的儒书证明了宋明道统，它们都是子思学派的著作。

我也不同意，郭店楚简《老子》证明了儒、道原来是一家。

《老子》是我非常喜欢的书。我喜欢它睿智深刻，篇幅很短，意境很深，特别是其消极无为、飘然出世，被庄子发挥的一面。

老子和孔子不同，精神气质，更像《微子》篇中的隐士和逸民。隐士和逸民，有三大类型，死磕、逃跑和装疯卖

人往低处走——《老子》天下第一

傻。第一类最高洁，最难学，所以没人学。要学全是后两类。读《世说新语》，读《儒林外史》，我们要知道，中国的知识分子，一直有这种人文幻想。老子特能放下。放下的精神不属于儒家。

俗话说，"人往高处走，水往低处流"。《老子》正好相反，它强调的是作"天下谷""天下溪""天下之牝"，甘居下流，不争上游（第28和第61章）。司马谈说，道家的特点是"去健羡，绌聪明"（《史记·太史公自序》引《六家要指》），什么贵柔贵弱好像水呀，什么要当女人、小孩呀，全是本着这种精神。

在这方面，它是天下第一。

《老子》给人神秘感。很多人迷的就是这种神秘感（包括西方读者），但我们不必把它神秘化。

《老子》的另一面是帝王术。它也提倡复古，它也崇拜圣人，它也主张愚民，念念不忘天下。愚民的伎俩更狡猾，也更高明。它的"道"，更像一只看不见的手。韩非迷的是这只手。

大家别忘了。

2007年12月8日写于北京蓝旗营寓所

写在前面的话

《老子》很有意思，形式上、内容上、叙述逻辑上、文学手法上，都很有特点。这些特点是什么？我一直在想，从中学时代就想，想到今天，也没完全参透。这里试做总结，供大家参考。

老子像条龙

古书讲老子，以《庄子》最多（参看附录一）。《庄子》讲老子，把老子说成老师，孔子说成学生。老把他俩搁一块儿，抬老子，贬孔子。司马迁作《史记·老子韩非列传》，不敢大量引用这类半文学、半想象的故事，但离开这些故事，他又没什么可讲。这是他的为难之处。

司马迁讲孔子，有很多故事，可以排年谱，一年一年往下讲，弟子也有名有姓，一列一大串，篇幅相当可观。但他讲老子，三位老子加一块儿，才435字（含重文7字），老聃只有236字（含重文2字），要年没年，要事没事，根本没法跟孔子比。讲弟子，也只有一个关尹喜。老子的形象很模糊，令人虚实难辨。

道家爱玩神秘感。什么都一清二楚，也就没有神秘感。让他虚着点，更有美学效果。

读《老子韩非列传》，有什么重点，我跟大家讲一下。

（1）老子是个老寿星

俗话说，不听老人言，吃亏在眼前。中国传统，敬老爱老，对故老传闻和他们的教训特别重视。老子叫老子，不是因为他姓老，以老为氏，而是因为他活得长，是古代有名的老寿星。古代老寿星，名气最大，见于古书，要算彭祖。古书提到彭祖，最早是《论语》。孔子管他叫"老彭"（《述而》7.1）。我们要知道，"老彭"的意思可不是老子和彭祖，而是非常长寿的彭祖。[1]简帛古书，上博楚简、马王堆帛书，也都提到彭祖，跟他在一起，还有一位耇老，也是老寿星。我们要知道，老子的"老"是这个意思。这是带有神仙色彩的头衔。

（2）老子姓李，名耳，字聃，楚苦县人

司马迁说，老子姓李。严格讲，李是氏，而非姓，司马迁已分不清姓和氏。他的名（小名、私名）是耳，字（成年后的大号）是聃。后人从他的名字推测，他可能是个耳朵

1　李零《丧家狗》，太原：山西人民出版社，2007年，142—143页。

很大的人，神头怪脸。[1]

老子，按先秦姓氏名字的惯例，本来应该叫李子，全称应叫老李子。但古书习惯的叫法是老子，称老不称氏，省去姓氏。《庄子》讲老子，很尊重，管他叫"老聃"。"老"是老寿之义，不是姓氏，称字不称名。[2]

司马迁说，老子是楚苦县厉乡曲仁里人，这是他的籍贯。

苦县在今河南鹿邑县，厉乡即赖乡，是古赖国所在。曲仁里是这个乡下面的一个居住单位。这个地方，后来有个著名宗教建筑，叫太清宫。太清宫的前身是东汉的老子祠，唐宋时期叫太清宫。1997年，河南省的考古工作者在太清宫遗址进行发掘，发现西周大墓长子口墓。[3]我们不要以为，一讲楚国，就是湖北、湖南。

（3）老李子和老莱子是同一人

司马迁为什么把老莱子写进《老子韩非列传》，原因很简单，他和老聃，即上面的老李子，都是楚人。他们都跟孔子见过面，都是道家，言谈话语差不多，很像一个人。比如

1　古人还把老子和舜友伯阳、周幽王太史伯阳扯到一起，说他字伯阳。如汉延熹八年（165年）边韶《老子铭》已有这类说法。唐司马贞、张守节也说，老子字伯阳（《史记·老子韩非列传》正义、索隐），他们是把老子的年龄继续上推。这是汉唐时期的神仙家说。但司马迁没有提到这一说法。

2　《通志·氏族略四》列有老氏，一说老童之后，一说老聃、老莱子之后，"并无闻焉，以其老也，故以老称之，遂为氏"。前人多已指出，老不是氏，只是老寿之号。

3　河南省文物考古研究所、周口市文化局《鹿邑太清宫长子口墓》，郑州：中州古籍出版社，2000年。

老子有个比喻，牙齿硬，舌头软，但人老了，牙齿掉了，舌头还在。这段话，古书多次提到，一会儿说是老子的话，一会儿说是老莱子的话（参看附录一）。

很多人都以为，姓李的都是西北人，比如出土秦印，就有很多姓李的，但楚国也有很多姓李的。比如包山楚简，很多人名，就是姓李。秦国的"李"字，是所谓"木子李"，而楚国的"李"字，写法比较怪，是作李，上面不是木，而是来。来和李，都是来母之部字，古音完全一样，字形也相近。我们现在的"李"字，是汉代的写法，而汉代的写法，又是沿用秦系文字的写法。这只是"李"字的一种写法。过去，我们不知道楚国文字的"李"字是怎么写，当然无法想象莱和李有啥关系。得此线索，才恍然大悟，原来，司马迁讲的三个老子，前两人是同一人。

老李子和老莱子是同一人，但"老莱子著书十五篇，言道家之用"，《老莱子》和《老子》是两本书。《老子》是哲言体，如同《老子》内篇，《老莱子》可能是故事体，如同《老子》外篇。后人以书定人，把老子和老莱子分为两个人，现在应合为一人。老莱子这个名称，是保留楚文字的写法。[1]

（4）孔子见老子

孔子见老子，几乎所有描写，都是见于《庄子》。《庄子》

1　李零《老李子和老莱子》，收入李零《郭店楚简校读记》，北京：北京大学出版社，2002年，195—202页。

宗老子，他的描写很夸张，处处抬高老子，贬低孔子。[1]《庄子》的故事，汉代很流行，经常见于画像石。画面上，老子和孔子互相鞠躬，中间夹个小孩，故意难为孔子，则是传说中的神童，叫项橐。司马迁讲他俩见面，老子很神气，居高临下。他劝孔子，"去子之骄气与多欲、态色与淫志"，[2]孔子不但不生气，还盛赞老子，夸他像条龙，鸟兽虫鱼皆可知，龙不能知。[3]

司马迁说，"世之学老子者，则绌儒学，儒学亦绌老子。道不同不相为谋"。这是西汉时期儒道之争的反映。汉初崇黄老，老子最吃香。武帝尊儒术，儒家才扬眉吐气。孔子即使翻了身，老子的影响还在，儒家仍须借重老子的名气。所以，上面的画像很流行。

古人说，孔子是凤（《论语·微子》18.5），凤是祥瑞（《论语·子罕》9.9）。凤鸟的比喻，是暗示天下太平，圣人降临。这是孔子的外号。老子不是凤，而是龙，藏头露尾，隐于云端。他们在乱世，角色不一样。

（5）孔子见过的老子和周太史儋无关

司马迁为什么把周太史儋写进《老子韩非列传》，原因很简单，第一，他们都在周都洛阳供职，李耳是"周守藏之

1　孔子见老聃，见《庄子》的《天地》《天道》《天运》《田子方》《知北游》，孔子见老莱子，见《庄子·外物》。

2　《庄子·外物》讲孔子见老莱子，有类似的话。

3　《庄子·天运》讲孔子见老聃，有类似的话。司马迁是把这两个老子的话加以改造，混在一起讲。

史也"，周太史儋也是周太史，两人都是周的史官；第二，聃和儋古音相近，完全可能是通假字。

周太史儋，战国中期人。传说，公元前374年，他有个预言，周与秦本来合在一起，后来却分手东西，分开500年，又合在一起，再过17年，就会有霸王出来（《史记》的《周本纪》《秦本纪》《封禅书》《老子韩非列传》）。他预言的"大趋势"，是秦灭东、西周，兼并天下，这当然是后来的人，颠果为因，倒追其事。

老子很老，活了多少岁？司马迁说，老子"修道而养寿"，当然比别人活得长，"盖百有六十余岁，或言二百余岁"。前人说，他是把老聃和太史儋两人的岁数加起来，有这么多。[1] 人活这么长，我们觉得荒唐，司马迁觉得正常。汉代盛行神仙家说，老寿星是活神仙。比如墨子，可以活到东汉，一点不稀奇。《列仙传》《神仙传》里，这样的故事很多，老子也是最佳人选，早就榜上有名。

研究老子，有两种倾向，一种倾向是，老子比孔子早，所以《老子》比《论语》早；[2] 另一种，正好相反，《老子》

---

1 参看泷川资言、水泽利忠《史记会注考证附校补》，上海：上海古籍出版社，1986年，1300页。案：孔子生于前552年，卒于前479年。老子比孔子大，生年当更早。周太史儋作预言，在前374年，卒年当更晚。前552年至前374年，共179年，比160年长，比200年短。司马迁说，前374年，距孔子卒年为129年，其实是106年。

2 陈鼓应《老学先于孔学》，收入所著《老庄新论》，上海：上海古籍出版社，1992年，43—58页；李学勤《申论〈老子〉的年代》，收入《当代学者自选文库·李学勤卷》，合肥：安徽教育出版社，1999年，578—586页。

比《论语》晚，所以老子比孔子晚，周太史儋才是真老子，《老子》是他的书。[1]

我认为，人是人，书是书，应该分开讨论。人或许比较早，书并不太早。

（6）老子的后代

汉有段干李氏，传出老聃。其后世子孙的世系是：老聃——李宗——李注——李宫——○——○——○——李假——李解。这是利用当时的谱牒。老子传八世到汉文帝，好像世数不够，顶多够着太史儋。但司马迁有上下200年的伸缩余地，在他那里，没有矛盾。

（7）孔子与其他人物

司马迁说，老子西出函谷关，不知所终，给后人留下想象的空间，或说他去了秦国，或说他去了西域，反正是远离中心、自居边缘的地方。东汉时期，释道相争，有所谓老子化胡说，就是利用这个想象的空间。

司马迁讲老子，是与庄周、申不害、韩非同传。老子是今鹿邑人，庄子是今民权人，申不害是今荥阳人，韩非是今新郑人。鹿邑、民权在河南东部，属于楚国和宋国。荥阳、新郑在河南中部，属于韩国。老学一向分两派，一派无

1　何炳棣《司马谈、迁与老子年代》，收入所著《有关〈孙子〉〈老子〉的三篇考证》，台北："中央研究院"近代史研究所，2002年，71—99页。

为，一派有为。庄周，独守老氏学，专批儒、墨，王公不待见，是广义道家中的无为派（狭义的道家）。申不害、韩非，主于刑名法术之学，则是广义道家中的有为派（狭义的法家）。司马迁认为，两派都是老学之流裔。

楚道家的原产地是今河南东部（宋、卫、郑、陈、蔡一带）。孔子周游列国，碰到不少狂人，恰好在这一带。河南也是出思想的地方。

《老子》一书，朦朦胧胧

司马迁说，老子是个"隐君子"，提倡隐姓埋名。他在洛阳待久了，眼看着天下一天坏似一天，终于弃官出走，直奔大西北。他一路西行，来到今河南灵宝市的函谷关，守关的关尹喜留他小住，生怕老子这一去，把一肚子的学问带走，从此没人知道，叫他无论如何住几天，给大家留点东西。[1]"于是老子乃著书上下篇，言道德之意，五千余言。"这书，就是后来的《老子》，也叫《道德经》。

《老子》是本什么样的书？我可以介绍一下：

1　鲁迅《出关》的描写很有趣，见《鲁迅全集》，第2卷，北京：人民文学出版社，1956年，387—397页。

（1）它分上下篇或上下经，共计81章，很短，大约只有5000字[1]

今本《道德经》分上下二经，《道经》是第1—37章，《德经》是第38—81章。传世本分两种。河上公本、王弼本、傅奕本是以《道经》为上篇，《德经》为下篇。[2]严遵本取五行数，分72篇，《上经》40篇还在，相当于《德经》第38、39、41—81章（只缺第40章）；《下经》32篇，29篇有佚文，相当于《道经》第1—17、20、22—26、28—29、31、33、35、36章，缺3篇（范围在《道经》第18、19、21、27、30、32、34、37章内）。[3]想尔注本，是个残本，只有《道经上》的第3—37章，也是以《道经》居前，但连抄，不分章。

《老子》叫《道德经》，从"道""德"二字的排列顺序看，从"道""德"二字的逻辑关系看，本来应该这么叫。但先德后道的本子也很古老。比如马王堆帛书本就是以《德

1　《老子》的字数，据我的学生苏晓威统计：马王堆帛书，甲本为5344字，乙本为5342字（外加重文124字）；今本，河上公《道德经章句》为5201字（外加重文94字），王弼《老子道德经注》为5162字（外加重文106字），傅奕《道德经古本》为5450字（外加重文106字）。严遵《道德真经指归》、张道陵《老子想尔注》无完本，这里没有统计。饶宗颐先生指出，东汉以来的文本分删助字本、不删助字本。前者是道教传本，往往删略助字以凑五千言之数，如葛洪所定河上公《道德经章句》本，只有4999字，就是这种本子。敦煌本成玄英《老子开题》谓"系师葛本不足五千言"，原因是，第11章"卅辐共一毂"，"卅"是"三十"的合文，少了一个字。参看饶宗颐《老子想尔注校证》，上海：上海古籍出版社，1991年，49、52页。

2　河上公本有章题，皆两字，用以提示各章大义。

3　严遵本，《上经》40篇，相当于今本第38、39、41—81章（共43章），只缺第40章。其中第39章和第41章合为一篇，第57章和第58章上半合为一篇，第58章下半和第59章合为一篇，第67章和第68章合为一篇，第78章和第79章合为一篇。

经》为上篇，《道经》为下篇。《韩非子·解老》也是以《德经》为主，一上来就长篇大论，先讲第38章。[1]有人推测，前一种顺序是道家传本，后一种顺序是法家传本。[2]

（2）此书多短章，押韵，韵脚很密，好像顺口溜（第73章最典型）

人称《老子》为哲言诗。其实，《老子》是韵文，不是诗歌。押韵，是为朗朗上口，便于记诵。中国古代，韵文、诗歌、散文，不能截然分。关键区别是，诗歌可歌咏，也可只诵不唱，韵文不配乐，只能吟诵；韵文以押韵为主，散文不用韵或少用韵。古代韵文，汉代叫赋，其中包括楚辞。《楚辞》和《诗经》，区别在哪里？有人以为，《诗经》多四言，格式整齐，不用"兮"字；《楚辞》多长短句，常用"兮"字。也不尽然。彼此相反的例子，两者都有。关键恐怕在于，它们曲调，原来不一样。《老子》，句式参差，夹用兮，有人以为楚辞体，不对；有人以为诗经体，也不对。它更近于先秦的赋体。[3]

（3）此书舍事言理，没有人物，没有故事

《老子》和《论语》不一样。《论语》有156人，它没

1　《解老》的引用顺序是：今本第38、58、59、60、46、14、1、50、69、53、54章。《喻老》的引用顺序是：今本第46、54、26、36、63、64、52、3、64、47、41、33、27章。郭店楚简本，有三组简文，和今本的对应关系比较乱。

2　高亨、池曦朝《试谈马王堆汉墓中的帛书〈老子〉》，《文物》1974年11期，1—7页。

3　参看李零《简帛古书与学术源流》，北京：生活·读书·新知三联书店，2004年，325—339页。

有。寂兮寥兮，空旷寂静。读其书，如入无人之境。八十一章，从头看到尾，一个人都没有。

这书不是对话体。说话人是谁，话是说给谁听，根本不知道。非要找，只有三个人，都很抽象。一是"我"或"吾"，说是作者，其实是假想的统治者；二是"圣人"，代表统治者的榜样；三是作为集合概念的"民"或"百姓"。一方是治人者，一方是治于人者。他是教统治者如何治理老百姓。

（4）此书喜欢讲一正一反、一阴一阳，对比强烈的辩证法

《老子》喜欢讲矛盾。矛盾的两个方面，"去彼取此"（第12、38、74章），他总是选择弱势立场，甚至故意讲反话，讲反"常识"的话，原书叫"正言若反"（第80章）。比如拿人来说吧，大家说，男人比女人强，大人比小孩强。它偏说，女人强，小孩强。

（5）此书代表的是一种老辣的智慧

老人的智慧，除阅世久，经验丰富，还有一个特点，是朦朦胧胧，记性不太好。《老子》也有这个特点，惚兮恍兮，恍兮惚兮，好像朦胧诗。说起《老子》，我常常会想起老年痴呆症。[1]我妈妈就是得这种病。大脑里有个叫海马

---

1 即阿尔茨海默病（Alzheimer's disease）。过去，我们笼统称为老糊涂的人（我们老家叫bànfān疙瘩），其实就是这种病。1989年，我在美国，还有一位专家说，为什么这种病例，中国特别少？现在，大家都知道，中国一点也不少。

的零件坏了，修不好。临床表现是，没有时间，没有空间，什么人都记不住，忘个精光（除老伴儿），脑子不行，身体倍儿棒，能吃能睡，无所萦怀。《老子》描述的精神状态，就有点这劲儿。他也特别能忘——陶然忘机，什么名呀利呀，全都忘了。悟道是抽象，什么都抽象掉了，剩下的光是道。

这是一种老辣的智慧。

《老子》喜欢打比方

古人讲道理，不爱下定义，特爱打比方。

《老子》有《老子》的讲话方式。这个问题，值得专门讨论。《老子》哲学是生命哲学或活命哲学。它的特点是"贵身"。现在，"身体"是时髦术语。它讲什么，都爱拿身体打比方，其他比喻，多由此派生，我挑几个例子，跟大家说说。

（1）《老子》论道，最爱拿妇女生孩子打比方

它说，道是"天地母"（第25章）、"万物之母"（第1章）、"天下之母"（第52章），"既得其母，以知其子"（第52章）。道是天地万物的妈妈，天地万物是她的孩子。道母有个黑咕隆咚、深不见底的生殖器，《老子》叫"玄牝"。牝字的本

义，是雌性动物的生殖器，也包括人的，这是生物学和医学的概念，毫无色情意味，很健康。《老子》的"玄牝"是宇宙生殖器，"玄牝之门"是它的阴道口（第6章）。这类词，翻成白话，知识分子难为情，张不开嘴，说不出口，尽在那儿曲里拐弯兜圈子，现代白话译本，包括西文译本，都是把它翻成"雌性"或"女性"（female）。[1]孩子从哪儿生出来，老百姓都懂。雌性和女性有什么门？总不是房门或窗户吧？

《老子》贵母，很少提到父。讲母共五次（第1、20、25、52、59章），讲父只一次（第21章）。[2]

万物不只有妈，也有爹。万物赋形，有一形就有一名。古代生孩子，生下来要起名，名随其父，是由爸爸起。爸爸的角色是起名。第21章："自今及古，其名不去，以顺众父。吾何以知众父之然也？以此。""众父"就是给万物起名字的道父。《老子》贵雌贵母，贵柔贵弱。万物之生，知母不知父，怎么知道还有父，就是凭它们的名字。

《老子》讲"父"，就这一次。妈妈只有一个，爸爸有很多。爸爸只是借种，借完了就没他什么事，妈妈那儿留个名字就是了。"父"是躲在后边。

———————

1　如刘殿爵最初把"玄牝"译为mysterious female，后来译为dark female。参看：D.C.Lau, *Lao Tzu*, *Tao Te Ching*, Harmondsworth：Penguin Books，1963，p.62；*Lao Tzu*, *Tao Te Ching*, Hong Kong：The Chinese University，1982，p.275。韩禄伯和刘殿爵最初的译法一样，也把"玄牝"译为mysterious female。参看：Robert G.Henricks, *Lao-Tzu*, *Te-Tao Ching*, New York：Ballantine Books，1989，p.198。
2　第42章的"学父"是另一种意思。

（2）《老子》论德，最爱拿刚出生的小孩打比方

它说，"含德之厚者，比于赤子"（第55章）。"赤子"也叫"婴儿"，是光会哭不会笑只知道吃奶的小小孩，粉红色的小肉团（第10、20、28章）。这种刚生下来的小孩，生命力最旺盛。比如很多传说中的弃儿，即使被抛弃在荒郊野外，毒虫猛兽却不去伤害。他们骨弱筋柔，但手却握得很紧，不懂男女交合，小鸡鸡却经常勃起，整天哭泣，一点不伤气（第55章）。赤子"贵食母"（第20章），吃的是道母（大道妈妈）的奶。

（3）《老子》还用男女交合打比方，讲大国和小国的关系

它说，"天下之交也，牝恒以静胜牡。为其静也，故宜为下"（第61章）。女人弱，男人强，柔弱往往胜刚强。女人在床上，多取女下位，但她以下取上，以静制动，再厉害的男人也要俯首称臣。大国和小国，也是如此。大国要善居下流，以下取上，作"天下之牝"（第61章）。

（4）仿照"玄牝"的比喻，《老子》还有一个比喻，则是"谷神"

"谷神"是"玄牝"的另一种说法。大地，山陵为阳，溪谷为阴，类似牝牡。如"谷神不死，是谓玄牝"（第6章），就是两者并举。"谷神"者，是取其陷下之义。

溪谷陷下，水从其出，汇为江海，和道生万物相似。

原书说，"譬道之在天下也，犹小谷之与江海也"（第32章），"江海之所以能为百谷王者，以其善下之，是以能为百谷王"（第66章）。

牝与牡，它取牝；陵与谷，它取谷。二者是相似关系。原书说，"知其雄，守其雌，为天下溪……知其（日）〔白〕，守其辱，为天下谷"（第28章），"上德如谷，大白如辱"（第40章）。这里的"为天下溪""为天下谷"和第61章的"天下之牝"是同样的意思。

（5）和"雌""母""牝""谷""婴儿"等概念有关，《老子》还以"水"为喻

贾宝玉说，"女儿是水作的骨肉，男人是泥作的骨肉"（《红楼梦》第二回）。《吕氏春秋·不二》说，"老耽（聃）贵柔"。《老子》一书，不但喜欢雌，喜欢母，喜欢牝，喜欢婴儿，还喜欢溪，喜欢谷，喜欢水。孔子说，"知（智）者乐水"（《雍也》6.23）。老子就喜欢水。

水有两大特点，一是求下，"人往高处走，水往低处流"；二是贵柔，水性至柔，可以穿石。如"上善似水，水善利万物而有静。居众人之所恶，故几于道矣"（第8章），就是讲第一点；"天下莫柔弱于水，而攻坚强者，莫之能胜也，以其无以易之也。柔之胜刚，弱之胜强，天下莫弗知也，而莫能行也"（第80章），就是讲第二点。

齐道家（黄老术）贵气，楚道家贵水。这两样都是天下最柔弱的东西，但厉害起来，也非常厉害。水在《老子》中，地位很突出。[1]

（6）《老子》强调原始状态，强调不发展，除用"婴儿"打比方，还用"朴"

《老子》经常用这个词（第15、19、28、32、37、57章），既可指道，也可指德。如第37章"吾将镇之以无名之朴"就是指道；第28章"恒德乃足，复归于朴"就是指德。朴也是比喻。木料未经加工，叫朴，已经加工，做成家具，则叫器。原书说，"朴散则为器"（第28章）。这是类似婴儿的比喻。

老子的思想特点

孔子和老子，谁在前，谁在后，这是中国哲学史上的老问题。古人说，孔子到洛阳问礼老子，老子是老头子，似乎老在孔先，毫无问题。但老子其人和《老子》其书是两码事。我不认为，老子年纪大，《老子》就在《论语》前。

研究古书年代，我们要注意，我们经常容易把后来居上的东西当作年代古老的东西。孔子见老子，孔子不批评老

1　郭店楚简《太一生水》，似乎就是图解《老子》的宇宙论。它也是贵水。

子，老子却批评孔子。我们很容易相信，批评人的一定是老师，不但资格老，年纪也一定大。但研究思想的逻辑先后，有个规律，我们不要忘记，"反对"不能无的放矢，"被反对"一般都在"反对"前。学习，要有学习的榜样，批判也要有批判的靶子。

比如《论语》批墨子吗？不批。《墨子》批孔子吗？批。为什么？道理很简单，墨子在孔子后，孔子批墨子，不可能；墨子批孔子，太正常。同样道理，我们读《论语》，读《老子》，也要问一下，《论语》批《老子》吗？《老子》批孔子吗？《墨子》批《老子》吗？《老子》批墨子吗？读《论语》《墨子》《老子》，我的印象是，孔子总是自言自语，跟其他门派的思想家没有对话。墨子就不一样，他是成心抬杠，处处跟孔子拧着来，概念颇具对称性。但《老子》不一样，它是采取釜底抽薪的办法，绕到孔子的后面，跳到孔子的上面，用更具终极思考的东西，贬低它、消解它、超越它、包围它，把它浓缩在自己的概念里。它们的先后，太明显。

孔、墨和《老子》，都认为天下无道，都批判现实，都怀揣理想，酷爱乌托邦，鼓吹复古，迷恋圣人，主张愚民，这是他们的共同点，但对社会问题的症结，看法不一样，对策也不同。《吕氏春秋·不二》说，"老耽（聃）贵柔，孔子贵仁，墨翟贵廉"。

墨子非孔，主要批评是两点，一是孔子持贵族立场，走上层路线，倡仁义礼乐，重等级贵贱，而墨子持平民立场，走下层路线，倡兼爱大同，讲众生平等；二是孔子敬畏天命，但不语怪力乱神，罕言天道性命，比较理性，而墨子大讲天志明鬼，比较迷信。

"孔子贵仁"，代表的是"文"；"墨翟贵廉"，代表的是"质"。《老子》比《墨子》更强调"质"。

《老子》和孔子有本质上的分歧。郭店楚简发现后，学者大讲儒、道合流，我不同意。

《老子》提倡无为。它的想法是，这两个家伙，太逞能，尚贤尚智，过于有为。比如孔子，知其不可而为之，自己跟自己过不去，何苦来哉；墨子，摩顶放踵利天下，自己折磨自己，也太没劲。它的想法很简单，别这么死乞白赖。

《老子》的原则，跟他们全不一样。什么仁义忠信，什么尚贤尚同，全不如道、德更朴实。道、德不是以人为终极，"人法地，地法天，天法道，道法自然"（第25章），人的背后有地，地的背后有天，天的背后有道，道是根据自然。他才不讲以人为本。这让我们想起17—18世纪的欧洲，他们也曾迷恋自然法则。

墨子非攻，对战争很关心，不像孔子光讲文化，不讲武化。孟子也以弭兵止杀为天下号召。这是战国时代的思想气氛。《老子》以圣人为榜样，大讲治国用兵之术。它讲战争，是关注于死亡。战争是凶事，战争是丧礼，它这样说。战争的野蛮，战争的残酷，让它心灵震颤。它笔下的战争都是旷日持久，灾难深重，怎么看，怎么都像战国时代。

先秦的老氏之学，分两派，既讲无为，也讲有为，和汉以后的印象不一样。有为的一派，与三晋的形名法术之学相结合，与荀子的礼学相结合，对结束战国，走向帝国，有重大贡献。

汉初的老氏之学，是黄老之术的一部分，它对汉初的休养生息，也有重大贡献。

西汉晚期，儒盛道衰，道家和儒家换位，丧失了政治优势，成为"在野党"。但随后的很长时间里，在中国的思想世界，它还是最大的"反对党"。

东汉时期，儒道之争息，释道之争起。道家的归宿是道教。汉唐以来，道教仍然是儒家的竞争对手，屡踣屡兴。

读《老子》，我们不要忘记，它也曾经大有作为。

怎样读老子

我们先谈本子问题。

（1）郭店楚简本《老子》（下简称"简本"）出土发现

的本子，这种最古老，年代约在公元前300年左右。简本分甲、乙、丙三组，甲组分上下两部分，乙、丙两组不分。这三组文字，每组都分章，章序的排列，和今本不一样。校读《老子》，此本是重要参考，但它的篇幅只有今本的三分之一。[1]

（2）马王堆帛书本《老子》（下简称"帛书本"）它分甲、乙二本，每本分上下篇，每篇之内，文字连着抄，不分章，但顺序和传世本大体相同。甲本约抄于前206—前195年之间，乙本约抄于前179—前169年之间，也很古老。校读《老子》，最重要。[2]

（3）石刻本　有唐代到元代各地道观的石刻本10种。[3]

（4）中古时期的古抄本　有敦煌本、吐鲁番本和俄藏本多种。[4]

（5）传世本（下简称"今本"）　过去主要有五个本子：汉河上公《道德经章句》本（下简称"河本"）、严遵《道德真经指归》本（下简称"严本"）、张道陵《老子想尔注》本（下简称"想本"）、魏王弼《老子道德经注》本（下简称

1　收入荆门市博物馆《郭店楚墓竹简》，北京：文物出版社，1998年。

2　收入马王堆汉墓帛书整理小组编《马王堆汉墓帛书》〔壹〕，北京：文物出版社，1980年。

3　收入何士骥《古本道德经校刊》，国立北平研究院史学研究会考古组《考古专报》第一卷第二号（1936年）。

4　参看李零《简帛古书与学术源流》，24—25页。

"王本"）、唐傅奕《道德经古本》（下简称**"傅本"**）。[1]

这些本子，简本不全，不能作底本。传世本和其他晚期的本子，对古本改动太多。其他古书，传世本改古本，往往加字，但《老子》不一样，传世本为求整齐，往往删字，并且历史上，各本相互参校，相互掺杂，治丝益棼，越改越乱，从总体情况看，都不如帛书本。底本，还是选帛书本最好。

过去的校注本，眼界只限于（3）（4）（5）。很多本子都是汇聚众本，平行参校，以意去取，东拼西凑，拼凑的结果，是"一锅乱炖"，哪种本子都不是。帛书本出来，大部分都可废而不读。

帛书本，研究者很多，我以为，高明《帛书老子校注》（北京：中华书局，1996年，下简称**"高书"**）最好。这书的优点，是把住龙头，以帛书本为主，研究传世本的变化，而不是用传世本与帛书本平行参校。帛书本发现后，有些研究者读惯了传世本，不肯放弃旧的工作方法，仍然强古本就今本，把帛书本当新作料，搁在原来的版本系统里"乱炖"，这种做法很流行，但并不可取。高书不是这样。在他的书

1　今本，可参看《四部要籍注疏丛刊》老子卷，北京：中华书局，1998年。但此书只收河本、严本、王本、傅本，不包括想本。想本，可看饶宗颐《老子想尔注校证》，上海：上海古籍出版社，1991年。又，河本可看王卡点校《老子道德经河上公章句》，北京：中华书局，1993年；严本可看王德有点校《老子指归》，北京：中华书局，1994年。

里，帛书本是起提纲挈领的作用。

简本，研究著作也很多，但简本不全，现在读《老子》，还是应该以帛书本为主，上可参校简本，下可探讨今本的变化。比较要有时间层次，横比是在纵比之下。

《老子》旧注，多系道教传本，对研究汉唐时期的思想很重要，对研究前道教和道教的关系很重要。但有一点，我们要注意，汉以来的道教和汉以前的道家还不一样。过去，汉学家以Taoism泛指道家和道教，现在，很多人都主张，两者要分，这是对的。研究道家，我们也要辟除晚期的干扰，这和读《论语》，其实是一样的道理。

道家重方术，这是道家和道教的共同点。我读子书，特别强调援术说学，用古代的知识系统解读古代思想。我喜欢用数术、方技、兵书解诸子。《老子》重天道，贵养生，喜欢讲宇宙创生，喜欢用房中术语讲话，在这方面，数术、方技是重要参考。

说到阅读本身，我的解说，每章都有两部分。

一部分是"大义"，我先把每章的内容大致串讲一下。这种叙述，有点像翻译，又不太像翻译，翻译要一字一句对应，比较受束缚。我是尽量展开来讲，把每章的意思，用尽量通俗的话，细细解释一下，传达作者的思路，传达作者的语气。最后还在括号里，写一句提示语。

一部分是"讨论",则是把每章中最重要的问题,词语上的难点,文本上的关系,尽量抠一下。如果词语重见于其他各章,也要注明它们的出处,以便对照。

我读《老子》,和我读《论语》相似。

第一,我最重内证。在我看来,词语互见和内容的前后关照最重要。我是用《老子》本身解《老子》。

第二,我很看重先秦古书的有关线索,一是道家的线索,如《庄子》《文子》的引文和议论;二是法家的线索,如《韩非子》的引文和议论;三是与《论语》《墨子》的对照。

第三,我对《老子》的文本演变很重视,文本对勘,是选取年代较早的典型文本,汰除年代太晚的次生文本。各本差异,有些重要,有些不重要,我对这一工作做了最大限度的提炼。[1]简化校勘,不是图省事,而是为了凸显文本演变的关键线索和总体脉络。

这里应该说明的是:

(1)本书是以帛书甲本作底本,参照乙本补字。释文一律用破读后的宽式释文,大家要想核对,请查原书的精确释文。

---

1 参看刘笑敢《老子古今——五种对勘与析评引论》,北京:中国社会科学出版社,2006年。案:刘书的五种对勘,是把河本、王本、傅本、帛书本、简本五种版本,抄在一起,供读者比较,很方便。但他的比较,不包括严本和想本。严本和想本都是汉代的本子,很重要。

（2）帛书本的上下篇，顺序与今本相反，为了便于对照，我是把相当于今本《道经》的部分放在前面，把相当于今本《德经》的部分放在后面，次序颠倒。这不等于说，原书就是这样。帛书本来不分章，但上下篇内，章与章的顺序大体相同，只有个别不一样，我也参照今本，按前《道》后《德》的顺序分了章，并注明它是相当于今本的哪一章。这样做的目的，也是为了便于与今本对照。这是我对正文的处理。

（3）我们的校读，主要包括简本的异文、早期古书引用的异文，今本的异文和其他材料（如碑本、敦煌本）的异文。今本，如各本差异不大，则统称"今本"；差异较大，则分别举例。我发现，今本异文，多是根据《庄子》《文子》《韩非子》《淮南子》，这些改动的来源，也要尽量揭出。

上篇　道经部分

第一章 （今本第一章）

道可道也，非恒道也；名可名也，非恒名也。无名，万物之始也；有名，万物之母也。故恒无欲也，以观其妙；恒有欲也，以观其所徼。两者同出，异名同谓。玄之又玄，众妙之门。

【大义】

这一章主要是讲道与物、物与名、人与物的关系。

道与物的关系，是"无中生有"。道是无，万物是有。道生天地，天地生万物，这是比较完整的说法。但这里只讲道与物，没讲天地。

物与名的关系，好像妈妈生孩子，小孩生出来，要起名字。天地万物的妈妈是道。万物未生，当然没有名；万物已生，才有名。

道是终极的东西，无法言说，凡是可以言说的都不是道。万物有名，凡是可以一一命名的名，都不是永恒不变的名。永恒不变的名，只是一种勉强起的名，即抽象的名，概括的名。其实，也就是"道"这个词。

人与物的关系，关键在一个"欲"字，无人则无欲，有人则有欲。前者是无我之境，后者是有我之境。万物生生不已，所有奥妙，都是万物本身的奥妙。这种奥妙，只有无欲，才看得到；有欲，看到的只是你所求，你所要。有用无用，全看有欲无欲。无欲，看到的是无用之物；有欲，看到的是有用之物。

可道不可道，可名不可名，有名无名，有欲无欲，都是属于有无之辨。它们是同一种东西的两种不同叫法。这种东西就是道。道，就像一个又深又黑的大洞。这个大洞才是"众妙之门"，下文叫"玄牝之门"。（无中生有）

【讨论】

"道可道也，非恒道也；名可名也，非恒名也"，第一个"道"字和第一个"名"字，都是名词；第二个"道"字和第二个"名"字，都是动词。道作名词，指道路，动词是导，如《论语·学而》1.5的"道千乘之国"，"道"就是读为导。道作动词，还有一个含义是说，这里的第二个"道"字就是言说之义。名作名词，指名称；作动词，则指命名。古书，命与名常常通假。文中的两个"恒"字，今本改为"常"，是避汉文帝讳。常与恒不完全一样，常是经常，恒是不变，《老子》的说法是"独立而不改"（第25章）。恒很重要，在道论类的作品中，是表示终极性的概念，如上博楚简《恒先》，"恒先"，就是指道，今本《系辞》的"太极"，马王堆帛书作"大恒"，也是指道。今本"太极"是"大恒"的改写。[1]帛书本，"恒"字很多，"常"字很少（只见于第16、52、55章），今本把"恒"字几乎全都改成"常"，是避讳改字，下同，不再说明。这里的"恒道"是最抽象的道，"恒名"是最抽象的名。

"无名，万物之始也；有名，万物之母也"，道本来没有名（第32、37章说"道恒无名"，第40章说"道褒无名"），叫作"大"或"道"，是为了方便，勉强加上去的（第25章说"有物混成，先天地生。寂兮寥兮，独立而不改，可以为天地母。吾未知其名，字之曰道，吾强为之名曰大"）。古人讲"名"，往往与"形"有关。万物未生之始，还没有形，当然没有名；已生之后，则有一物必有一形，有一形必有一名，相生相克，生生不已。银雀山汉简《奇正》说，"故有形之徒，莫不可名。有名之徒，莫不可胜。故圣人以万物之

1　文献中的"极"字，楚简和马王堆帛书往往作"恒"。如楚国地名"期思"，楚简作"恒思"，就是以"恒思"为"亟思"，再变为"期思"；《周易·系辞》"太极"，马王堆帛书作"大恒"，也是由"大恒"变为"太极"。我认为，这是属于形近混用，类似古文字中的"苍""寒"混用。最近，裘锡圭先生提出，学者过去释为"恒"的字其实都是"极"字，见他提交2007年中国简帛学国际论坛的论文《是"恒先"还是"极先"？》（2007年11月10—11日，台北）。我不同意这种说法。理由是，第一，《恒先》另有从心从亟读为"极"的字，写法不同，不能认为是同一字；第二，古书固有"恒"字，不能全都改成"极"字，比如陈恒（田恒），不能改成"陈极"；第三，古书中的"恒"字，避讳作"常"，不能认为是避"极"字；第四，这样做，就抹杀了古书中的所有"恒"字。比如此本中的所有"恒"字，如果都读成极，显然不合适。

胜胜万物，故其胜不屈"，这是形名之学的讲法。形名之学，也叫刑名之学，和法律讼辩有关，和治国用兵有关。形名是工具，可以控制物。"无名"是无，"有名"是有。王弼注："凡有皆始于无，故未形未名之时，则为万物之始；及其有形有名之时，则长之育之，亭之毒之，为其母也。""万物之始"，今本多作"天地之始"，这是误改，《史记·日者列传》引作"万物之始"，王弼注原本，从上引王弼注看，也是作"万物"，可见古本如此。今本把"万物"改成"天地"，大概是因为，传述者以为，道生天地、天地生万物，道与万物之间，不能没有天地。其实，此章重点是讲道与物、物与名、人与物的关系。道与物的关系，主要看有没有形名。道不可言说，不可名状。万物未生，无形无名；既生，有形有名。原文只讲道与物的关系，并不涉及天地。《老子》论道，常以妇女生子为喻。妈妈固然重要，但没有爸爸开头也不行。父与甫通，甫有开始之义，他才是开始。这个开头很重要。农村，老乡把生孩子叫种田，妈妈是田，没有爸爸播种，小孩生不下来。第21章提到的"众父"，其实就是万物的爸爸。"万物之母"，也是类似的比喻。道是母，万物是子。生小孩，要有爸爸参加，但没有妈妈，也没有小孩，既无其形，也无其名。只有等妈妈把孩子生下来，小孩才有名字。古代起名，都是由爸爸起，而且在男权社会里，都是子随其父。《老子》讲万物生化，妈妈只有一个，爸爸有很多，万物之名是随爸爸，有一物就有一名，有一名，就有一父，所以叫"众父"。《老子》以母喻道，除此章，还有第20、25、52、59章；以子喻物，见第52章。

"故恒无欲也，以观其妙；恒有欲也，以观其所徼"，今本"恒"作"常"，无二"也"字和"所"字，现代学者把它读作"故常无，欲以观其妙；常有，欲以观其徼"，帛书本出来，可以证明这种读法是错的。[1]这段话是讲人与物的关系。"故恒无欲也，以观其妙"，是说无人则无欲，无欲是无我之境，无欲才能坐观其变，尽得其妙。参看第34章："万物归焉而弗为主，则恒无欲也，可名于小。""恒有欲也，以观其所徼"，是说有人则有欲，有欲是有我之境，有欲必有所求于外物。今本为求整齐，删掉"所"字，味道就变了。"徼"，是动词，所以前面要有"所"字，音义同于要、邀，这里是求的意思，不是当名词讲的边界、终极等义。有欲看到的只是"用"，无欲看到的才是"妙"。

"两者同出，异名同谓"，指无名的万物和有名的万物，同出于道，一个叫"无"，一个叫"有"，其实是一回事。这两句，今本作"两者同出而异名，同谓之玄"，先补字，后改断句，面目全非。黑格尔的《逻辑学》，也是一开头先讲

1　如任继愈就是这样读。参看他的《老子今译》，北京：古籍出版社，1956年，1页；《老子绎读》（前书的最新修订本），北京：北京图书馆出版社，2006年。他写作前书时，尚未见帛书本，但后书明明已看到帛书本，还引用之，却不改旧读，有点奇怪。

有、无、变。他也说有、无是异名同谓。[1]

"玄之又玄，众妙之门"，"玄"有幽深莫测之义。《老子》喜欢把这个字加在很多字前面。如"玄牝"（第6章）是万物之母，这个大生殖器，是个无底洞；"玄鉴"（第10章）是幽黑的镜子，喻指人的心灵，"玄达"（第15章）是深不可测，"玄德"（第10、51、65章）是最深厚的德，"玄同"（第56章）是浑然无别。"众妙之门"，即第6章的"玄牝之门"。老子把它比喻为一个天地万物所出的大生殖器。

汉代和魏晋，喜欢用数术、方技解老和用《老子》中的词汇作数术、方技术语，如：

（1）《老子指归·君平说二经目》：

> 智者见其经效，则通乎天地之数、阴阳之计、夫妇之配、父子之规、君臣之仪，万物数矣。

（2）《想尔注》佚文（《广弘明集》卷十三引《辨证论·外论》引）：

> 道可道者，谓朝食美也。非常道者，谓暮成屎也。两者同出而异名，谓人根出溺，溺出精也。玄之又玄者，谓鼻与口也。

《想尔注》把人体的孔窍，如肛门、生殖器和鼻、口叫"道路"，并用这些"道路"解释"道"，真是荒诞之极，但

1　黑格尔《逻辑学》，杨一之译，北京：商务印书馆，1974年，上册，69—99页。

荒诞有荒诞的来历。本身也是一种思想。[1]

第41章："天下之物生于有，有生于无。"也可供阅读此章参考。

1　《想尔注》乃陵说鲁述，陵著《黄书》，传房中仪规。此书则以房中解老。题目"想尔"的"想"是存想之义。该书以房中解老，看似荒唐，其实汉代一直就有这种讲法。如马王堆房中书就已使用《老子》术语作房中术语。"鼻与口"，是本河上公注。河上公注说，"玄牝之门"是"鼻、口之门"。这是以行气解老。

第二章 （今本第二章）

天下皆知美之为美，恶已；皆知善，斯不善已。有无之相生也，难易之相成也，长短之相形也，高下之相盈也，音声之相和也，先后之相随也，恒也。是以圣人居无为之事，行不言之教。万物作而弗始也，为而弗恃也，成功而弗居也。夫唯弗居，是以弗去。

【大义】

它和前一章不同，主要是讲有形有名，种种矛盾生，如美与恶、有与无、难与易、长与短、高与下、音与声、先与后。这些概念总是如影随形，种种变化由此生。万物变化，是万物自己变，圣人做的都是无为之事，说的都是不言之教，根本不去干涉它。开头不管，中间不管，结束也不管。万物生生不已，圣人听其自化，不居其功，反而有大功。（听其自然）

【讨论】

此章有简本。

"恶已"，简本同帛书本，今本为求整齐，在前面加了"斯"字。

"皆知善"，今本多作"皆知善之为善"，疑出《淮南子·道应》《文子·微明》，这是古本的另一种写法。

"斯不善已"，简本作"此其不善已"，帛书本作"斯不善矣"，今本作"斯不善已"。已是喻母之部字，矣是匣母之部字，读音相近。这里作"斯不善已"。已是句末语词，与矣同。

"形"，王本为求通俗，改"较"，失韵，简本、河本、傅本同帛书本，不误。

"盈"，今本避汉惠帝讳，改"倾"。

"先后"，简本、龙兴碑、严本注（佚文）同，河本、王本、傅本改成"前后"。前后是空间概念，先后是时间概念，不一样。

"恒也"，指永远如此，到处如此的东西。这是总结上文。简本、今本都没有这两个字。

"圣人"，圣是聪明，天生聪明，绝顶聪明。古人说的圣人，本来意义上的圣人，都是上古帝王，有权有位，可以安民济众的人。如尧、舜、禹、汤、文、武，就是大家公认的圣人。这个词，《老子》特爱说，全书有24章提到，常作"是以圣人"如何如何，都是当作榜样，但没说到底是谁（见第2、3、5、7、12、23、27—29、34、47、49、57、60、63、64、

66、68、72—74、79—81章）。圣人是古代的共同理想，除了《庄子》，没人反对。[1]

"居无为之事，行不言之教"，干事都是干无为之事，说话都是行不言之教。《老子》提倡自然，反对人为，书中到处都是讲这一套想法。"为"是不循自然之理，人为干涉事物的发展变化。"无为"反之，是叫人去掉人为的东西，复归于自然。"居"，简本、河本、王本同，傅本作"处"。楚简、秦简，处作凥，与居有别，汉代始混淆，《说文·尸部》已把凥当居。今本"处"字，原来往往都是"居"字。下面不再重复说明。

"万物作而弗始也，为而弗恃也，成功而弗居也。夫唯弗居，是以弗去"，种庄稼，养牲口，都要听其自然，听其自生，听其自长，不要揠苗助长，一口气喂出个肥猪。"作"有开始的意思，原文说万物开始生长，是万物自己在生长，你不要以发明者自居。"恃"是据有、持有之义。"居"也是占有的意思。弗恃弗居，听其自然，《老子》叫"玄德"。道外于人，是人所依所行；德存于心，是人所获所得。"玄德"是最高最深的德。第10章："生之畜之，生而弗有，长而弗宰也，是谓玄德。"第51章："生而弗有也，为而弗恃也，长而弗宰也，此谓之玄德。"有与恃，宰

1　《庄子·胠箧》："圣人不死，大盗不止。"

与恃，是类似说法。"弗"，否定副词，简帛文本，"弗"加于动词前，不加于形容词和副词前，仍有区别。今本往往以"不"代"弗"。"弗"和"不"的区别是什么？一般认为，"弗"是加在省去宾语的动词前或介词前，"不"是加在带有宾语的动词和介词前；形容词和副词前，也是加"不"而不加"弗"。"弗"作"不"，是避汉昭帝刘弗陵讳改字。[1]古书中的弗、勿、不、毋、无等否定词，早期用法，古文字的用法，仍有区别，后来往往被混淆。它们，弗是帮母物部字，勿是明母物部字，音义相近。不是帮母之部字，毋同母，是明母之部字，音义相近。无是明母鱼部字，后世也和毋、勿相近。在传世古书中，它们常被换来换去，很难分辨其细微差别。"始"，简本作"怠"，帛书本、傅本作"始"，河本、王本作"辞"。古文字，怠、始、辞都是从台或从司得声（从心和台、司二字的合体），每每混用，这里作"始"。"成功"，简本作"成"，今本作"功成"。

上博楚简《恒先》有一段话，可供参考：

> 多采物先者有善，有治无乱。有人焉有不善，乱出于人。先有中，焉有外。先有小，焉有大。先有柔，

1　参看：丁声树《释否定词"弗""不"》，《庆祝蔡元培先生六十五岁论文集》，《国立中央研究院历史语言研究所集刊》外编第一种，北平：1935年，991—992页；魏培泉《"弗""不"拼合新证》，《"中央研究院"历史语言研究所集刊》第72本第1分，台北：2001年，205—206页。

焉有刚。先有圆，焉有方。先有晦，焉有明。先有短，焉有长。

有万物就有矛盾，有矛盾就有先后，和上文一样，但它更强调先后。

第三章 （今本第三章）

不尚贤，使民不争。不贵难得之货，使民不为盗。不见可欲，使民不乱。是以圣人之治也，虚其心，实其腹；弱其志，强其骨。恒使民无知无欲也，使夫知不敢、弗为而已，则无不治矣。

【大义】

这一章主要是讲绝智去欲。前面讲过，有人就有欲。人，好名好利，一辈子，所有聪明劲儿，全用这上面了。尚贤，则争名；贵货，则夺利。《老子》认为，这是乱之所起。它认为，古代最聪明的帝王，都是采取愚民政策，让老百姓脑袋空空，不与人争高低，肚子吃饱，身体结实，能卖力气，而且最好一劳永逸地让他们傻下去，无知无欲，光知道什么是不敢干也不能干，就达到天下大治了。（*绝智去欲*）

【讨论】

"尚贤"，原作"上贤"。"上贤"即"尚贤"。《墨子》有《尚贤》篇，反对之。孔子亦尚贤，《老子》不尚贤。

"难得之货"，稀有的财货。又见下第12、64章。

"盗"，古人把侵犯财产罪叫盗，人身伤害罪叫贼。

"不见可欲"，没见过钱的穷人，往往过不了金钱关，不见还朴实可爱，一见就穷凶极恶。孔子也有"无欲则刚"的思想，他说的"无欲"是求己不求人（《公冶长》5.11）。

"使民不乱"，《淮南子·道应》作"使心不乱"，很多古书的引文都有这种写法，[1]河本亦然，王本、傅本添字，作"使民心不乱"。

"虚其心，实其腹"，参看第12章："是以圣人之治也，为腹不为目，故去彼取此。"

"使夫知不敢、弗为而已，则无不治矣"，是说使民无知无欲，只是为了让他们知道什么是他们不敢做也不许做的事而已。大人教小孩，经常有很多警告，从小就讲，让他们一开始就不动为非作歹的念头。西方生活，什么东西都写着caution，到处都是precaution，也是这种用意。作者认为，愚民要从根子愚，不准他们干的事，要让他们连知道都不知道，想都不敢想，这才是从根本上解决问题。这段话，想本作"使智者不敢不为，则无不治"，最接近帛书本。河本、王本作"使夫智者不敢为也，为无为，则无不治"，"为无为"是后来加上去的。傅本略同河本、王本，末句作"则无不为也"，更远离本意。

1　蒙文通《〈老子〉徵文》，台北：万卷楼图书有限公司，1998年，24页。

第四章 （今本第四章）

道盅而用之，或弗盈也，渊兮似万物之宗。挫其锐，解其纷；和其光，同其尘，湛兮似或存。吾不知其谁之子也，象帝之先。

【大义】

道以虚为用，最忌满盈。它是万物之本，是个非常深邃的东西。它能挫折锋芒，解除纠纷，和光明同在，和尘土共存，似有似无，躲在万物的背后。它比所有东西都早，比人类最老最老的老祖宗还早。（道比上帝还早）

【讨论】

"或弗盈"，"或"，原作"有"，河本、王本作"或"，想本、傅本作"又"，当读或。"盈"与下文押韵，河本、想本、王本不避讳改字，傅本改成"满"，则失韵。

"兮"，楚简用可为兮，帛书用呵为兮，下同。

"挫其锐，解其纷；和其光，同其尘"，"锐"是锋芒，"纷"是纠纷，"光"是光明，"尘"是尘垢。"挫其锐"是挫折其锋芒，"解其纷"是解除其纠纷，"和其光"是与光明同在，"同其尘"是与尘垢共存。这几句话的大义是，道之用，在于韬光养晦，宠辱不惊，毁誉置之度外。同样的话，也见于第56章。想本改"纷"为"忿"，以忿怒为说，另创新解，龙兴碑亦作"忿"。

"湛"，也是深的意思。

"吾不知其谁之子也"，指道是终极概念，即在它之前没有源头，无父无母，自己就是本源。

"象帝之先"，好像是上帝的先人。帝，与蒂、嫡等字有关，本来是人格神，上帝是老祖宗的老祖宗，乃族姓所出。帝所住的帝廷是在天上，汉以来常把帝与天混为一谈，是不对的。明末，利玛窦来中国传教，曾讨论如何翻译《圣经》中的God，最后是从中国古书里面选了"上帝"这个词（另一种翻译是"天父"）。这里的问题是，帝是人所出，在他之前，有谁更古老，是创造一切而不被创造的东西？答案是道。《老子》是用道超越孔、墨，超越以人为本的各种思考，就像中国人喜欢说，我是你爹，我是你爷，我比你辈儿大，它是拿更终极的东西来压对手。人再大，大不过帝，帝再大，大不过天，天再大，大不过道。《庄子·逍遥游》讲小大之辨，也是这种讲法。它和《墨子》不一样，不是剑来枪往，跟孔子抬杠，而是绕你后边，跑你上边，把你搁里边，这么跟你干。

上博楚简《恒先》，把道称为"恒先"，就是强调道的领先地位。

第五章 （今本第五章）

天地不仁，以万物为刍狗；圣人不仁，以百姓为刍狗。天地之间，其犹橐籥欤？虚而不屈，动而愈出。多闻数穷，不若守于中。

【大义】

天地是无情无义的，它把万物当作草扎的狗，用完就扔了。圣人对百姓也是如此，并不对谁特别好，对谁特别坏。天地之间，就像鼓风的皮囊，你一拉，里面空了，它就进气，你一推，里面实了，它就出气。人生天地间，不要东跑西颠乱打听，而是尽量守着空虚。听进的东西太多，会让头脑装得太满。太满，就装不进去了。（*天地像个大风箱*）

【讨论】

"天地不仁"，即下第81章所谓"天道无亲"。

"圣人不仁"，古代的圣人是尧、舜一类人物，其实是名王圣主。圣人是听人，即所谓听治之人。孔子说自己"六十而耳顺"（《为政》2.4），耳顺是一种接近于圣的境界。

天地拿万物当摆设，统治者也拿百姓当摆设。

"刍狗"，草扎的狗，相当于今农村葬礼用的纸人纸马。丧事一结束，就扔了。[1]

"橐籥"，音 tuó yuè，"橐"是囊，"籥"是管，即一种带风管的皮囊，古代的鼓风设备，类似风箱。天地好像大风箱，你一拉，里面空了，外面的气才能朝里走；你一推，里面的气反而朝外走。作者的意思是，还是空点好。

"屈"，读 jué，是竭的意思。

"多闻数穷，不若守于中"，"多闻"是多打听，"守于中"是守其虚。作者主张绝智去欲，认为学得太多，懂得太多，头脑装不下，还不如无知一点好，就像饥饿才有好胃口。"多闻"，想本同。河本、王本、傅本作"多言"。闻是听，言是说，完全不一样。古文字，听和声、圣有关，闻和问有关。听字和问字，都是秦汉才流行，早期没有。听和闻不同，听是倾听或聆听，往往居高临下，如"听政""听讼"的"听"都是如此。闻不是这样，它是访问和打听，主动求知。"多言"是多教，从里往外输出；"多闻"是多学，从外向里输入，意思正好相反。第20章"绝学无忧"是类似说法。《说苑·敬慎》引《金人铭》，其中有"无多言，多言多

1　参看顾颉刚《"刍狗"》，收入他写的《史林杂识》，北京：中华书局，1963年，174—175页。

败"等语（又见《孔子家语·观周》），就是戒多言。[1]

《老子》称引前人，多称"圣人"，不知所据何人之言，是否有书，可考者，只有《金人铭》。这类暗合，除去此章，还有第28、42、66、79章。《金人铭》，与《逸周书》《大戴礼·武王践阼》引《席铭》《楹铭》和《太公》佚文有关，应属"《周书》阴谋"类的古之遗言。《汉书·艺文志·诸子略》的"道家"类是把《伊尹》《太公》《辛甲》《鬻子》《筦子》一类书列在《老子》之前，把这类讲"政治阴谋"的书当道家著作。

---

1 郑良树《〈金人铭〉与〈老子〉》，收入他的《诸子著作年代考》，北京：北京图书馆出版社，2001年，12—20页。

第六章 （今本第六章）

谷神不死，是谓玄牝。玄牝之门，是谓天地之根。绵绵兮若存，用之不勤。

【大义】

这里提到道的两个别名，一个是"谷神"，一个是"玄牝之门"。"谷神"是强调道以虚为体，"玄牝之门"是强调道以生为用。它说，天地就是从这个空空如洞的大生殖器里生出来的。（道是大子宫）

【讨论】

"谷神"，《老子》喜欢以溪谷喻道，代替道，如第15章"旷兮其若谷"，第28章"为天下溪""为天下谷"，第32章"譬道之在天下也，犹小谷之与江海也"，第39章"谷得一以盈"，第40章"上德如谷"，第66章"江海之所以能为百谷王者，以其善下之，是以能为百谷王"。山陵为阳，溪谷为阴，类似牝牡。谷是两山之间的河谷，它和下文的"玄牝"相似，也具有陷下和虚空的特点。水从谷出，汇为江海，也与"玄牝"生天地万物相似。

"玄牝"，也是道的别名。《老子》把道看作天地万物之母。"玄牝"就是天地万物之母的生殖器。参看第61章"大邦者，下流也，天下之牝。天下之交也，牝恒以静胜牡。为其静也，故宜为下"。《老子》喜欢用"玄"字表示幽深之义，"牝"是古人对一切雌性动物生殖器的称呼。商代甲骨文，不管什么动物，马、牛、羊、犬、鹿，都是以这些动物的象形字加匕、土，表示牝、牡。加上匕，就是牝；加上土，就是牡，不限于牛。后世把这些字统一起来，一律从牛旁，就是现在的"牝""牡"二字。人的生殖器，古人也这么叫：牝是女阴，牡是男阴。[1]牝从匕声，读如比，古音是脂部字，其实就是今语所谓屄。古语，牛屄叫牝，人屄也叫牝。[2]唐白行简《天地阴阳交欢大乐赋》（敦煌本）有两个怪字，"𡲲"是女阴，"𡲱"是男阴。我怀疑，"𡲲"就是唐代的屄字。[3]马王堆房中书《合阴阳》用"玄门"指阴门，是借用《老子》的术语。"玄牝"借女阴喻道，[4]虽非实指，却

---

1 参看郭沫若《释祖妣》，收入他的《甲骨文字研究》，《郭沫若全集》，考古编1，北京：科学出版社，1982年，19—64页。郭氏说，商代把人的男女祖先叫作"祖妣"，就是来自"且""牝"二字。

2 如嫌不雅，可缓读之。前者是"牛布衣"（牛布衣是《儒林外史》的人物），后者是"布衣"。

3 闽南话读屄如 biǎ，内蒙古的晋北移民则称女阴为"bǎnliū"。

4 任继愈说："'牝'是一切动物的母性生殖官。'玄牝'是象征着深远的、看不见的生产万物的生殖官。老子把物质的不断变化这一作用当作万物发生的根源。参看《朱子语类》卷一百二十五。"（《老子今译》5页）案：《朱子语类》（转下页）

是借用房中的概念，讲道的生生不已。这一概念，和房中术有很大关系。古代思想家，不是现在所谓科学家，他们不爱从定义出发，一开口，先给概念下定义。他们更爱打比方。打比方的东西都是借自生活。这种语言很生动。你想，谁不是从娘肚子里爬出来的？万物打哪儿来，天地打哪儿来，这都是很自然的联想。玄牝是什么？就是道母（大道妈妈）的阴门、阴户。它里面的阴道、产道，很深，像个无底洞，前面连着子宫，子宫是产儿待的地方。这话搁现在，翻成白话，当然是粗口，历来的注家，谁都知道是什么意思，但谁都不好意思说，全在那儿绕。这样的话，搁现在，有人敢说，有人不敢说，体面人、知识分子不敢说，老百姓才不管这个，他们都是张口即来。[1]老子讲话，很直白，很大胆，和老百姓一样，直来直去。《老子》论道，是以天地之道和人的身体为基础。他说的道，与数术、方技分不开。我说，读《老子》有两把钥匙。一把是数术，一把是方技，道理就在这里。

"玄牝之门"，道是宇宙生殖器，道生天地万物，得有一个出口，就像妇女生孩子，要自产门（即阴门、阴户）

（接上页）卷一二五说，"雌雄谓之牝牡"，就像木器有卯眼可以容纳榫子，门户有门闩孔可以插门闩，锁子有钥匙孔可以插钥匙，"玄者，谓是至妙底牝，不是那（哪）一样底牝"。《老子绎读》14页除保存旧说，还补充李堔说，谓云南剑川县有古洞，门口刻有女性生殖器，题为"玄牝之门"。

[1] 最近有个话剧，叫《阴道独白》。它说，广大妇女同胞，咱们要敢于说出这个大家难以启齿的词。

出，这个出口，就叫"玄牝之门"。

"天地之根"，指道生天地，为天地的本源。《想尔注》:"牝，地也，女像之。阴孔为门，死生之官也，最要，故名根。男荼亦名根"，"能得此道，应得仙寿。男女之事，不可不勤也。"该书用根字指女阴，并说"男荼亦名根"，[1] 当然是张道陵的曲说。男根、女根、命根，佛经常见，但汉籍几乎没有这种说法。这种说法可能与佛教有关，值得考察。

"绵绵兮若存"，乙本"兮"下多"其"字，今本无。

"用之不勤"，"勤"有尽竭之义，古音也与尽相近（勤是群母文部字，尽是从母真部字）。任继愈指出，《淮南子·主术》"力勤才匮"的"勤"就是这种用法。[2]

古人以天地交媾讲宇宙万物，是个传统。如白居易的弟弟白行简，他有一篇《天地阴阳交欢大乐赋》（敦煌本）:

> 玄化初辟，洪炉耀奇。铄劲成健，镕柔制雌。铸男女之两体，范阴阳之二仪……

就是以天地交欢讲男女交欢，说天地是个大熔炉，生孩子好像炼铜炼铁。这是我国很有传统的说法。马王堆帛书《胎产书》，就是用冶金术语讲生孩子。丹家还把女子叫鼎炉。

---

1 男荼，待考。我曾以此请教北大东语系的陈明先生。他有两个推测，一种可能是与"般荼迦"（pandaka，黄门，被刑男根）有关，一种可能是与"根"（indriya）有关。

2 任继愈《老子绎读》，15页。

明代小说《肉蒲团》，开头有一首词（《满庭芳》）：

黑发难留，朱颜易变，人生不比青松。名消利息，一派落花风。悔杀少年不乐，风流院，放逐衰翁。王孙辈，听歌金缕，及早恋芳（药）〔丛〕。

世间真乐地，算来算去，还数房中。不比荣华境，欢始愁终。得趣朝朝（燕）〔暮暮〕，酣眠处，怕响晨钟。睁眼看，乾坤覆载，一幅大春宫。

天地是大春宫，道是大子宫。原来，古人是这么讲话。

第七章 （今本第七章）

天长地久。天地之所以能长且久者，以其不自生也，故能长生。是以圣人退其身而身先，外其身而身存。不以其无私欤，故能成其私？

【大义】

上面讲道生天地，这里讲天地本身。作者说，天长地久，原因是天地不创造自身。圣人能保全自我，成全自我，原因是他能退其身，外其身，超越自我，这是模仿天地。

（*别拿自己当回事*）

【讨论】

"天地之所以能长且久者，以其不自生也，故能长生"，道生天地，天地不生天地，只生万物，故能长生。万物，相生相克，不能长久。

"退其身而身先，外其身而身存"，"身"是《老子》的重要概念，除去此章，还见于第9、13、16、26、44、52、54、66章。"退"字，今本多作"後"，古文字，退与後，写法相近，常混淆。

　　"不以其无私钦，故能成其私"，想本改"私"为"尸"，以尸行为说，另创新解。

第八章 （今本第八章）

上善似水，水善利万物而有静。居众人之所恶，故几于道矣。居善地，心善渊，予善人，言善信，政善治，事善能，动善时。夫唯不争，故无尤。

【大义】

作者认为，道德境界最高，像水。水是作者常用的一种比方。它强调，道贵柔弱，道贵低下，就像水善利万物，而不与万物争，非常安静。俗话说，人往高处走，水往低处流。但作者却说，能居众人之所恶，如居下流，水潦归焉，是近于道的境界。达到这种境界，将有七善，对人对己，对什么都很好。人，只有与世无争，才能避免各种不利。（人往低处走）

【讨论】

"上善似水"，"似"，原作"始"，可以借读为似。乙本作"如"，今本作"若"，均与"似"同义。

"水善利万物而有静"，"有静"，乙本作"有争"。今本作"不争",是因为作"争"读不通,遂把"有"改为"不"。这里作"有静"。

"居众人之所恶",俗话说,人往高处走,水往低处流,能不能反过来说?子贡说:"君子恶居下流,天下之恶皆归焉。"(《论语·子张》19.20)"下流"就是水的下游。一般人都认为,众恶所归,好像臭水坑,脏水都流到自己那儿,是很倒霉的事,但作者却说,这是接近于道的境界。

"予善人,言善信","善人",是好人,聪明人。这个词又见第27、62、81章。古书中的"善人",可以是一般的好人,也可以是很高的评价。比如孔子,就把"善人"当作大好人,仅次于"圣人",和"仁人"差不多。孔子说,"善人"都是死人,他根本见不着(《论语·述而》7.26)。[1]这两句,甲本有脱文,作"予善,信",乙本作"予善天,言善信",河本、想本、王本作"予善仁,言善信",傅本作"予善人,言善信"。高明说,甲本当据乙本补,作"予善天,言善信",[2]我想,甲本也有可能作"予善人,言善信","天"是"人"之误。

1　李零《丧家狗》,太原:山西人民出版社,2007年,154—156页。

2　高明《帛书老子校注》,北京:中华书局,1996年,256—257页。

第九章 （今本第九章）

揎（殖）而盈之，不若其巳。揣而锐之，不可长保也。金玉盈室，莫之守也。贵富而骄，自遗咎也。功遂身退，天之道也。

【大义】

钱财，搁手里，不满足，得让钱生钱，利生利，越攒越多。这种想法，特无聊，不如趁早拉倒。聚敛无已，到头来，总是保不住。就算金玉满堂，又怎么样？也不可能永远搂在自己怀里。富贵了就神气，一阔脸就变，是自找倒霉。功成身退，才符合天道。（见好就收）

【讨论】

此章有简本。

"揎"，简本作"朱"，帛书整理者读持，简本整理者读殖，今本作"持"。攒钱，古人叫"货殖"，《史记》有《货殖列传》。现在看来，还是读殖更好。

"揣而锐之"，"揣"可训持，"锐"是鈗之误，简本作

"群"，疑读为群或捃，是聚敛之义。[1]"揣"，甲本缺，乙本作"掇"，河本、想本、王本作"揣"，傅本作"敽"，这里读"揣"。

"金玉盈室"，简本、严本注（佚文）、傅本同，河本、王本作"金玉满堂"，想本作"金玉满室"。"满"是避汉惠帝讳改字。

"莫之守也"，乙本作"莫之能守也"，简本作"莫能守也"，今本作"莫之能守"。

"贵富"，今本作"富贵"，简本、帛书本作"贵富"。

"功遂身退"，河本作"功成名遂身退"，想本作"名成功遂身退"，傅本作"成名功遂身退"，都多出"成""名"二字，《文子·上德》《淮南子·道应》"功成名遂身退"，或即所本。

---

1 李零《郭店楚简校读记》（增订本），北京：北京大学出版社，2002年，7—8页。

第十章 （今本第十章）

载营魄抱一，能无离乎？抟气致柔，能婴儿乎？涤除玄鉴，能毋疵乎？爱民治国，能毋以知（智）乎？天门启阖，能为雌乎？明白四达，能毋以知（智）乎？生之畜之，生而弗有，长而弗宰也，是谓玄德。

【大义】

呱呱坠地的小孩最有生命力。《老子》喜欢拿小孩打比方。

《老子》的道德哲学是生命哲学、活命哲学。它拿小孩打比方，最能传达这类想法。

《老子》美化小孩，是取其未发展。小孩刚生下来，都是粉红色的小肉团，最可爱。这个小肉团，无知无识，抱着一股精气神，身体非常柔软。

《老子》问，我们能负阴抱阳，紧紧怀抱父母所赐的灵魂，就能像刚出生的小孩，骨弱筋柔，呼吸匀停，永远保持最初的生命力吗？我们能心如明镜，一尘不染，爱民如子，治国有方，却不靠智慧吗？我们能心与道通，豁然开朗，知雄守雌，摒弃聪明吗？

他说，人的最高道德，是叫"玄德"。玄德，就像生小孩、养小孩，要顺其自然，不要人为控制。（养生如养婴儿）

【讨论】

"载营魄抱一，能无离乎"，"载"犹负也，是承载的意思，"营魄"是阴魄，代表雌性或女性，"一"是道的别名。"载营魄抱一"，就是负阴抱阳。"能无离乎"，能不离开"营魄"和"一"吗？古人认为，人的灵魂，有阴阳之分，阳的叫魂，阴的叫魄。[1]道是"无中生有"的"无"，它的另一种表达是"大"或"一"，合起来叫，就是所谓"大一"（或"太一"）。"道"是"无中生有"的"无"，"一"是"无中生有"的"有"，二者互为表里，是同一概念的两种表达。《老子》以一称道，除去此章，还见于第14、23、39、42章。道，以至大无外叫大，以至深无底叫玄，以万物之源叫牝，以独一无二叫一，有很多别名。

"抟气致柔，能婴儿乎"，这是形容婴儿出生后的状态。"抟"，揉合，乙本作"榑"，今本作"专"，专字也可读为抟。《说文·女部》把专一的专写成嫥。"婴儿"，即"赤子"。"婴儿"见第20、28章，"赤子"见第55章。小孩刚生

---

1 魂，死后归天。魄，死后归地。魂可以不附于体，死后就离开身体，俗话说"魂不附体"，魄却始终附于身体，所以有"体魄"一词。月之光明也叫魄。

下来，只会哭，不会笑，往往数周后才会笑。只会哭的小孩叫"婴儿"，会笑的小孩才叫"孩"。小孩刚生下来，都是粉红色的小肉团，所以也叫"赤子"。《老子》喜欢的小孩，是刚生下来的小孩。婴儿是已出生而未发展的生命，就像未经剖分雕琢的璞玉，是养生的最高境界。这段话，和另外两段话非常相似，一段话是第28章，作"知其雄，守其雌。……为天下溪，恒德不离。恒德不离，复归于婴儿"；一段话是第42章，作"万物负阴而抱阳，冲气以为和"。"载营魄抱一"就是负阴抱阳、知雄守雌，"能无离乎"就是不离恒德，"抟气致柔"就是冲气为和。《老子》提到气，除此，还有第42、55章。

"涤除玄鉴，能毋疵乎"，"玄鉴"，"玄"有幽黑之义，"鉴"是镜子，这里指心灵；"能毋疵乎"，意思是能没污点吗。这里的"毋"相当于无。我们常说，心里跟明镜儿似的，就是用心灵比镜子。汉代铜镜铭文："纳清质以照明，光辉象夫日月。心忽扬而愿忠，然壅塞而不泄。絜精白而事君，患污秽之弇明。被玄锡之流泽，恐疏远而日忘。怀娟美之穷竭，外承欢之可悦。慕窈窕之灵影，愿永思而毋绝。"便写到心和镜的关系。中国古代的镜子是用所谓"玄锡"和青铜合成，都是黑亮黑亮的镜子，和现在的水银镜不一样。鉴是水盆，以盆盛水，以水鉴容，这是鉴字的本义。后世易之以镜，仍袭其名而称鉴。鉴是镜的同义语。帛书"鉴"字是用通假字，甲本作"蓝"，乙本作"监"，今本作"览"，都应读为鉴。

"爱民治国，能毋以知（智）乎"，注意，"治国"不作"治邦"；"能毋以知乎"，意思是能不依赖智慧吗。在《老子》中，"毋以"还有一种用法，是表示否定性的结果。如第30章"善者果而已矣，毋以取强焉"，第39章"其致之也，谓天毋以清将恐裂，谓地毋以宁将恐废，谓神毋以灵将恐歇，谓谷毋以盈将恐竭，谓侯王毋以贵以高将恐蹶"，和这里的用法不太一样。下句，河本作"能无为"，想本作"而无为"，王本作"能无知乎"，傅本作"能无以知乎"。傅本最接近帛书本。

"天门启阖，能为雌乎"，什么是"天门"？"天门"有许多不同含义。一是天官时日类的概念，如式法书和日书中的天门，不管指天门星，还是指天宫之门、通天之门，与地户相对的门，都是跟天有关系的门；二是医家、养生家讲的天门，则指两眉间的天庭；三是道教讲的天门，则指心或鼻孔。这些用法，都不是这里所说的天门。《庄子》两用此语，可能最接近《老子》的用法。一次是作"故曰，正者正也。其心以为不然者，天门弗开矣"（《天运》），是说用心不正，则天门不开，心灵不能达于道；一次是作"天门者，无有也，万物出乎无有"（《庚桑楚》），则是以天门为道门，即"玄牝之门""众妙之门"。"天门启阖"，就是打开天门的门户，心灵开窍，通于神明，达于道。"启阖"，今本作"开阖"，"开"是避汉景帝讳改字，"阖"音hé，指门户，不是开合的合。《孙子·九地》有"敌人开阖",银雀山汉简本作"敌人开阓"（阓音huì），阓也是门户。"能为雌乎",是守雌的意思。上文的"载营魄抱一","营魄"就是雌性的灵魂。想本改"天门"为"天地",另创新说。

"明白四达,能毋以知（智）乎","明白四达"是形容人的精神世界豁然开朗;"能毋以知（智）乎",也是强调去智。下句"能毋以知（智）乎",当是古本原貌。《淮南子·道应》《文子·道原》都有这种写法。今本故意让两者不一样。河本,上文作"能无为",下文作"能无知";王本,上文作"能无知乎",下文作"能无为乎",傅本,上文作"能无以知乎",下文作"能无以为乎"。

上面十二句,是一种连环句式。头四句是一组,中间四句是一组,最后四句是一组。头四句,"载营魄抱一"与"抟气致柔"在意思上是连着的。中间四句,"涤除玄鉴"与"爱民治国"在意思上是连着的。最后四句,"天门启阖"与"明白四达"在意思上是连着的。

"生而弗有,长而弗宰",今本"弗"作"不",下面多出"为而不恃","为而不恃"见第2章（作"为而弗恃也"）,《庄子·达生》"为而不恃,长而不宰",或即所本。

"是谓玄德","玄德"是最深厚的德,又见第51和第65章。"孔德"（第21章）、"恒德"（第28章）、"广德"（第40章）、"建德"（第40章）,是类似的词。

第十一章 （今本第十一章）

卅辐同一毂，当其无，有车之用也；埏埴为器，当其无，有埴器之用也；凿户牖，当其无，有室之用也。故有之以为利，无之以为用。

【大义】

《老子》认为，虚、实各有各的用处，实的用处比较直接，往往是支撑性的东西，没有它，整个结构就撑不起来。但虚也很重要，其实更重要。比如车轮，没有车毂纳车辐，车就没法用；器皿，没有盛东西的虚处，器就没法用；房子，只有屋顶和墙，没有门窗，也不能住人。

它说，"有"只是"利"，"无"才是"用"，"有"是可用之物，"无"才是用途本身。（无有无的用处）

【讨论】

"卅辐同一毂"，"卅"音sà，原为三十的合文，后来省去合文号，成为单独的字；"辐"是车轮的辐条；"同"，今本作"共"，旧说读为"拱"，这种写法，见于《文子·上德》《史记·太史公自序》，或即所本；"毂"音gǔ，是车轮的构件，外有凿纳辐，内有孔容轴。马车是中亚草原地区的伟大发明，先后传播于埃及、西亚和其他地方。我国的马车，年代晚一点，最早的发现，是商代晚期的。埃及、西亚的马车，毂在车厢的后缘，辐比较稀，早期是4辐、6辐，晚期是8辐、12辐、16辐。我国的马车，形式不太一样，毂在车厢的中间，辐比较密，往往有几十根。30辐的车子，战国晚期到秦汉时期，比较常见。比如秦始皇陵陪葬坑出土的两件铜车马就都是30辐，和《老子》所述一样。

"埏埴"，音shān zhí，和泥。埏是揉，埴是细黏土。

"凿户牖"，"凿"，也叫穿；"户"，门扇；"牖"音yǒu，窗户。今本在这句后面添油加醋，多了"以为室"三字，目的是与下文的"当其无，有室之用也"相应。

"故有之以为利，无之以为用"，"有"是器本身，可用叫"利"，"无"是器之用，以所用为"用"。我打过一个比方，杯子是用来盛水的，没有杯子，水就洒了，这是硬道理，但我们喝的是水，不是杯子，这是软道理。水放在哪里？肯定是放在杯子的虚处，而不是它的实处，可见"无"和软道理关系更大。

车毂无空，则外不能持辐，内不能容轴，车无轮轴，则不能行；陶器，没有空虚的部分，也无法盛东西；房屋没有门窗，人不能出入，住在里面，没法采光透气。这都是讲无的用处。

无有无的用处。自行车道不能只有一轱辘宽，画家都懂得留白的意义。

第十二章 （今本第十二章）

五色，使人目盲；驰骋田猎，使人心发狂；难得之货，使人之行妨；五味，使人之口爽；五音，使人之耳聋。是以圣人之治也，为腹不为目，故去彼取此。

【大义】

《老子》主张绝智去欲，放弃犬马声色等感官享受。它说，圣人治天下，关键是要解决老百姓的吃饭问题，而不是让他们眼花缭乱，追求这类奢侈享受。（吃比看更重要）

【讨论】

"五色，使人目盲"，"五色"是青、赤、黄、白、黑。太多的视觉享受，会让人的眼睛瞎掉，这是夸张的说法。

"驰骋田猎，使人心发狂"，驾车打猎，纵马狂奔，会让人心发狂。"犬马声色"的"犬马"是属于这类享受。

"难得之货，使人之行妨"，一般理解，是说宝物使人的行为有害。但更合理的解释恐怕是，这里的"行"是指行路，它的意思是说，身带宝物，容易遭人抢劫，走在路上，很不方便。

"五味，使人之口爽"，"五味"是酸、苦、甘、辛、咸。太多的味觉享受，会让人的味觉丧失，吃什么好东西都没滋没味。如《庄子·天地》"五味浊口，使口历爽"，《淮南子·精神》"五味乱口，使口爽伤"，其中的"爽"字都是这个意思。"爽"，高明读丧，以为伤、败之义。[1]其实，爽字的古文字写法，和桑、丧二字本来就是同一个字。爽字本身就有丧失之义，如"爽约"是失约，"爽法"是失法，"爽德"是失德。更准确地说，爽的意思是丧，还不是伤。

"五音，使人之耳聋"，"五音"是宫、商、角、徵、羽。太多的听觉享受，会让人的耳朵聋掉，这也是夸张的说法。

上面五条都是讲奢侈的感官享受（没讲触觉和嗅觉），今本把"五色""五音""五味"排在前面，把"驰骋田猎"和"难得之货"排在后面，文理更顺。

"圣人之治也"，今本删"之治也"，连下读。

"为腹不为目"，前面有"圣人之治也"，可见是讲老百姓。前面讲过，圣人都是好领导，特别聪明的统治者。他们聪明在什么地方？就是能满足老百姓的基本需要，能解决他们的吃饭问题。这叫"为腹"。"为目"不一样，是追求奢

1　高书，274页。

侈，不是为了生存需要，而是为了感官享受，不光是视觉享受，也包括其他享受，包括大吃二喝，一直吃到上吐下泻，把人都吃伤了为止。这些享受，要的是炫耀和虚荣，看上去很带劲儿。俗话说，吃饱了撑的，它们都是吃饱了才追求的东西。

"故去彼取此"，"彼"指"为目"，"此"指"为腹"。东周时代，上流社会淫糜奢侈是大问题，诸子都反对，但反对的方式不一样。孔子讲礼贵俭，墨子讲节用节葬，《老子》也提倡朴素的生活。作者的意思是，人，吃饱喝足就得了，何必追求奢侈，所以说"故去彼取此"。这句话，是《老子》的口头禅，也见于下面的第38章和第74章。

动物的生存需要，止于食物和繁衍，人也有这两大需求。统治者要满足人民的这两大需求，这是起码。但光这两条，则如同牛马。古代统治者，都把百姓当牛马。知识分子出主意，逃不脱这个思路。

第十三章 （今本第十三章）

宠辱若惊，贵大患若身。何谓宠辱若惊？宠之为下，得之若惊，失之若惊，是谓宠辱若惊。何谓贵大患若身？吾所以有大患者，为吾有身也；及吾无身，有何患？故贵为身于为天下，若可以托天下矣；爱以身为天下，如可以寄天下矣。

【大义】

《老子》贵身，认为身体最重要，比天下都重要，宠辱得失，皆身外之物，不值得大惊小怪。（身体比天下还重要）

【讨论】

此章有简本。

这段话，反复使用"若"字。这个字，古书有如同、以至、乃、则等义，随文而异。

"宠辱若惊，贵大患若身"，简本前面有"人"字，意思是常人往往"宠辱若惊，贵大患若身"。"宠"是光荣，"辱"是耻辱。宠辱是外界对你的评价，应该置之度外，被人夸是意外，被人骂也是意外，别往心里去，但一般人不是这样，总是受宠若惊，受辱也若惊，患得患失，想得宠，怕受辱，把这些身外之物看得太重，好像和身体一样重要。这里的"若"是如同之义。

"何谓宠辱若惊？宠之为下。得之若惊，失之若惊，是谓宠辱若惊"，这是解释"宠辱若惊"。宠和辱相反，宠也好，辱也好，都是身外之物，但作者说，首先要能看破宠。常人总是希望得宠，害怕失宠，其实宠才最不重要，属于"下"。"宠之为下"，河本作"何谓宠辱？辱为下"，想本作"何谓宠辱为下"。[1] "是谓宠辱若惊"，简本无"若"字。

"何谓贵大患若身？吾所以有大患者，为吾有身也；及吾无身，有何患"，这是解释"贵大患若身"。作者指出，人生与忧患俱来，你要想清楚，大患和身体总是在一块儿，只要有身体，就会有生老病死，四大烦恼，以及其他不愉快。人类历史，一直是苦难史，我说这类话，不是太悲观。其实，人生太完满，也是大遗憾。

"故贵为身于为天下，若可以托天下矣；爱以身为天下，如可以寄天下矣"，这段话的意思是，只有把"为身"（伺候身体）看得比"为天下"（伺候天下）还重要，或只有喜欢把身体当天下一样看待，才能把天下交给你，上下互

1　河本、想本是同一系统，两者相近。王卡点校《老子道德经河上公章句》（北京：中华书局，1993 年）于"辱为下"上补"宠为上"。

文，彼此平行。"若"和"如"，古书经常换用，简本和王弼本，上下两处都作"若"。"托"和"寄"，简本作"托"和"去"（原有辵旁），如果"去"是去掉，这两句话的意思就大不一样，等于说，视身重于天下，可以托天下；视身同于天下，不妨去天下。但"去"也有可能是通假字（去是溪母鱼部字，寄是见母歌部字，古音相近）。这两个字，今本顺序不同，或"寄"在前而"托"在后，或"托"在前而"寄"在后，古书引文也往往如此。这里的"若"是乃、则之义。

此章，重点是讲贵身，《庄子·让王》说，"道之真，以治身；其绪余，以为国家；其土苴，以治天下。由此观之，帝王之功，圣人之余事也，非所以完身养生也"。《吕氏春秋·贵生》也有这段话，"治身"作"持身"。这是最典型的道家思想。它贵身，不是贵修身，而是贵养生（或摄生、护生），认为治国是养生的延续，治天下是养生家玩剩下的垃圾。

人常常忘记他们过于熟悉的东西。身体对人最重要，但人最容易忽略的就是身体。只有当它的零件坏了，才会猛然想起，它对我们多重要。那时，你会觉得，吃喝拉撒睡，只要能正常活着，就是莫大幸福。

第十四章 （今本第十四章）

视之而弗见，名之曰微；听之而弗闻，名之曰希；捪之而不得，名之曰夷。三者不可致诘，故混而为一。一者，其上不皦，其下不忽。寻寻兮不可名也，复归于无物。是谓无状之状，无物之象，是谓忽恍。随而不见其后，迎而不见其首。执今之道，以御今之有，以知古始，是谓道纪。

【大义】

这一章也是论道。作者说，道是神秘莫测的东西，看不见，听不到，也摸不着。看不见叫"微"，听不到叫"希"，摸不着叫"夷"。这三样加一块儿，混在一起，也叫"一"。它的特点是，说亮不亮，说暗不暗，绵绵不绝，不知叫什么好，其实是一种说不清也道不明的"无物"。它没有形，没有象，恍恍惚惚，不可名状。我们跟在它的后面，顺着看，看不见它的尾巴；我们跑到它的前面，迎着看，又看不见它的头。它是一条线索。我们用今天的道，观察今天的世界，才能知道古代的事情，这就是所谓"道纪"。（**道是贯穿古今的一条线**）

【讨论】

"微"，训隐，和显相反，是不容易看见。今本作"夷"，是把下文的"夷"错放在这一句。

"希"，是不容易听见，本书第40章有"大音希声"的说法。

"捪"，音mín，是抚摸的意思，今本作"搏"（或再讹为"抟"），是博取之义，比捪通俗，但意思已变味。《庄子·知北游》"搏之而不得也"，或即所本。

"夷"，训平，是光秃秃、什么也摸不出来的意思，今本作"微"，是把上文的"微"错放在这一句。

《老子》用微、希、夷三字形容道。中国的北伐名将叶挺，字希夷，就是取典于此。

"不可致诘"，不可深究。"诘"，原作"计"，乃通假字。计是见母质部字，诘是溪母质部字，古音相近。

"一"，是道的别名。

"曒"，是明亮的意思，原作"谬"，字与膠通，乃通假字。曒是见母宵部字，膠是见母幽部字，古音相近。

"忽"，是晦暗的意思。忽有昧义，今本作"昧"，乃同义换读。

"寻寻"，可能是通假字，今本作"绳绳"（但想本作"蝇蝇"），是绵绵不绝的意思。寻是邪母侵部字，绳是船母蒸部字。

"随而不见其后，迎而不见其首"，今本互倒，先讲首，再讲后。

"执今之道，以御今之有，以知古始，是谓道纪"，这段话，帛书本和今本不一样，帛书本的意思是，既然道这个东西，"随而不见其后，迎而不见其首"，过去和将来，两者都很难知道，就必须从今天入手。只有用今天的道理弄清今天的事情，然后才能知道古代是什么样，原来是什么样。今本把"执今之道"改为"执古之道"，其实是窜改。这等于说，只有以古御今，才能懂得今。我看还是帛书本更好。

第十五章 （今本第十五章）

古之善为道者，微妙玄达，深不可识。夫唯不可识，故强为之容。曰：豫兮其若冬涉水，犹兮若畏四邻，俨兮其若客，涣兮其若凌释，沌兮其若朴，混兮其若浊，旷兮其若谷。浊而静之，徐清；安以动之，徐生。保此道，不欲盈，夫唯不欲盈，是以能敝而不成。

【大义】

这一章是讲"为道""保道"，即追求道、保守道。《老子》说，古代善于为道的人，真是妙不可言，深不可测。不可言，不可测，怎么办？只好勉强打点比方。它一连打了七个比方。前三句是说，他们对待各种事，都是小心翼翼。后四句是说，他们的精神状态，是慢慢悠悠、混混沌沌、空空荡荡。

作者说，事物的由浊到清，由静到动，都得慢慢来。道忌发展，一发展，道就散，所以它最反对"盈"，反对"成"，绝不追求完满，东西坏了就让它坏了。（破罐破摔）

【讨论】

此章有简本。

"古之善为道者"，傅本同此，简本、河本、想本、王本作"古之善为士者"。

"微妙玄达"，"玄"有深义；"达"有通义，今本作"通"。下文"深不可识"正有"深"字。

"深不可识"，各本如此，只有《老子》这么讲，古书最常见的说法是"深不可测"。测是初母职部字，识是章母职部字，这两个字，也可能是通假字。

"强为之容"，强为之形容。

"豫兮其若冬涉水"，犹犹豫豫，好像冬天涉水，如履薄冰，战战兢兢。"水"，今本多作"川"，《文子·上仁》"豫兮其若冬涉川"，或即所本。

"犹兮若畏四邻"，犹犹豫豫，好像害怕邻国入侵。

"俨兮其若客"，恭恭敬敬，好像到人家做客。"客"，王本误为"容"。

"涣兮其若凌释"，涣涣散散，好像冰河融化。"凌释"，想本作"冰将汋"。

"沌兮其若朴"，混混沌沌，好像没有修治的木材。

"混兮其若浊"，混混沌沌，好像一潭污水。

"旷兮其若谷"，空空荡荡，好像幽静的山谷。

"浊而静之，徐清"，浊水，让它静下来，变清，要慢慢来。

"安以动之，徐生"，安静的东西，让它动起来，也要慢慢来。

"敝而不成"，傅本同此。"敝"是损坏，"成"是完美，正好相反。"敝"作动词，也有成全之义。比如孔子所谓"成人"（《论语·宪问》14.12），就是指完美的人，"君子成人之美，不成人之恶"（《颜渊》12.16），就是成全别人的长处，不成全别人的短处。这句话的意思是，东西坏了就让它坏了，不必求其完整或完美。此句，河本、王本作"蔽不新成"，想本作"能敝复成"，意思是坏了就不要更新，意思有变化。《淮南子·道应》"故能敝而不新成"，《文子·九守》"是以敝不新成"，或即所本。《后汉书·孟敏传》有"不视堕甑"的典故，说罐子打了就打了，看都不看一眼，俗话说，"破罐子破摔"，随它去吧，就是这个意思。

第十六章 （今本第十六章）

致虚，极也；守静，笃也。万物并作，吾以观其复也。夫物云云，各复归于其根。归根曰静，静，是谓复命。复命，常也；知常，明也。不知常，妄；妄作，凶。知常，容。容乃公，公乃王，王乃天，天乃道，道乃久，没身不殆。

【大义】

这一章是讲清静无为，坐观万物之化，回归本源。本源是道。文中有四个"复"字。观复、复根、复命，都是强调复归于道。（天大地大，不如道大）

【讨论】

"致虚"至"各复归于其根"，简本有这一段。

"致虚，极也"，"致"是使至，"极"指尽力。

"守静，笃也"，是说守静勿动，非常执著。"守静"，简本作"守中"。上第5章有"多闻数穷，不若守于中"。

"吾以观其复也"，简本作"居以须复也"，今本作"吾以观其复"，"居""须"都是错字。居和吾，须和观，字形相近，容易写错。

"容"，有容乃大。这个字很重要，后面的公、王、天、道，一个比一个大，后面的可以包容前面的。大可容小，小不能容大。《墨子》常说"王公大人"，王、公在人里就是最大的了，但不如天大。天大地大，又不如道大。

"公乃王，王乃天"，想本改"王"为"生"，以成曲说，注云："能行道公政，故能常生。"

"没身不殆"，到死都没有危险。

第十七章 （今本第十七章）

太上，下知有之；其次，亲誉之；其次，畏之；其下，侮之。信不足，焉有不信，犹今其贵言也。成功遂事，而百姓谓我自然。

【大义】

这段话是讲取信于民。老百姓对统治者信任，关系会比较平淡；不信任，才拍他、怕他或戏弄他。作者认为，只有少说话，才能取信于民，不但把事办成，老百姓还觉得自然而然。（合乎自然的统治）

【讨论】

此章有简本。

"太上，下知有之；其次，亲誉之；其次，畏之；其下，侮之"，这是讲老百姓对君长的四种态度：最好，是下知有君，但关系比较疏远；其次，是亲近他，赞美他；其次，是怕他躲他；其次，是逗他耍他。"亲誉之"，简本同；河本、想本作"亲之誉之"；王本作"亲而誉之"；傅本作五项，"亲之"之下又有"其次"，作"其次，誉之"，都是添油加醋。

"信不足，焉有不信"，意思是为君者信用不足，所以百姓才不信任他。"焉"是乃的意思，不能断在上句。

"犹兮其贵言也"，简本作"犹乎其贵言也"，"犹"是犹豫的意思。信是说话算话，这里是说，为君者要慎言少说。

"成功遂事"，简本作"成事遂功"，河本、王本、傅本作"功成事遂"，想本作"成功事遂"，意思相同。

"而百姓谓我自然"，《老子》主张少听少说，上文说"犹兮其贵言也"，就是强调慎言少说，慎言少说，才能得其自然。下第24章有"希言自然"，就是这个意思。简本作"而百姓曰我自然也"，今本作"百姓皆谓我自然"。《老子》喜欢讲"自然"。自然是自然而然，事情本来怎么样就让它怎么样。

第十八章 （今本第十八章）

故大道废，焉有仁义。智慧出，焉有大伪。六亲不和，焉有孝慈。邦家昏乱，焉有贞臣。

【大义】

先秦诸子都认为，他们是生活于乱世。乱世为什么乱，他们各有各的解释。孔子认为是不讲仁义道德，《老子》不这么看。它认为，世界这么坏，主要是因为大道废，大家都不循自然之理。大道废，才讲仁义。智慧出，才有大伪。仁义、智慧，都是人为的东西，虚假的东西。家不和，才大讲孝慈。国不宁，才大讲忠信，道理一样。总之，不是因为没道德，社会才乱，而是因为社会乱，才没道德。（**大道废，才讲仁义**）

【讨论】

此章有简本（但缺第三、第四句）。

"大道"，是自然之理。

"焉"，也是乃的意思。竹简本和帛书本都是用安为焉，傅本的前两句正作"焉"。这样的焉字，后世有点陌生，河本、想本、王本把它们删掉了。

"智慧出，焉有大伪"，简本无这两句。

"邦家"，即后世的"国家"。邦家改国家，是汉代避高祖讳改字，并无深意。

"贞臣"，傅本同；简本作"正臣"，字相通；河本、想本、王本作"忠臣"，"忠臣"更通俗。《慎子》佚文（《意林》引）、《淮南子·道应》作"国家昏乱有忠臣"，或即所本。

这里，"仁义""孝慈""贞臣"是和"大伪"并列，都是乱世的产物，有明显的负面含义。《老子》这么讲，和我的生活经验很吻合。道德的供求规律是，越缺什么，才越吆喝什么。比如大讲荣辱，一定是因为不讲荣辱的事太多。文人笔下的侠客和奇女子，就是这么想出来的。西方盛产科学幻想，我们盛产人文幻想。我把这类幻想叫人文幻想。

第十九章 （今本第十九章）

绝圣弃智，民利百倍；绝仁弃义，民复孝慈；绝巧弃利，盗贼无有。此三言也，以为文未足，故令之有所属：见素抱朴，少私而寡欲。

【大义】

作者说，断绝聪明智慧，老百姓会获利百倍。断绝仁爱正义，老百姓会敬老爱幼。断绝奇技淫巧，盗贼会从此绝迹。这三条，还没把我的意思全都说出来，所以我要归纳一下，把我的想法集中在一点：外表要朴实无华，内心要一片天真，内无私心，外无所求。（返朴归真，清心寡欲）

【讨论】

此章有简本。

"绝圣弃智"，简本作"绝智弃辩"。圣是聪明，智是智慧。

"绝仁弃义"，简本作"绝伪弃诈"。"诈"，原从心虘（音cuó）声，裘锡圭释诈，本来很正确，后来改释虑，反而错误。[1]

"民复孝慈"，简本作"民复季子"。或说"季子"是本来面貌，相当于婴儿，不可信。季子是少子，小儿子，不等于婴儿，回归季子，简直不像话。我理解，季是孝之误，子是通假字。

"绝巧弃利，盗贼无有"，简本在"绝圣弃智，民利百倍"后，顺序不同。

"此三言也，以为文未足，故令之有所属"，古人说的"言"，可以是一个字，也可以是一句话。这里的"三言"是三句话。这段话，简本差异较大，作"三言为吏不足，或命之或乎豆"，上句的"吏"，有两种可能，一种是文字之误，一种是读为事，原来是作"三言为文不足，或令之有乎属"，或"三言为事不足，或令之有乎属"。这里的"三绝"，都是从负面讲，下面的"见素抱朴，少私而寡欲"，才是从正面讲。

"见素抱朴"，"见"，简本作"视"。"素"是没有染色的丝，"朴"是没有修治的木材。

郭店楚简出，学者发现，今本的"绝仁弃义"，简本是作"绝伪弃诈"，大家说，儒、道原来是一家，这种说法，

1　李零《郭店楚简校读记》（增订本），15页；上博楚简《三德》篇的释文和注释（李零），收入马承源主编《上海博物馆藏上海楚竹书》，上海：上海古籍出版社，2005年，289页。

我不同意。古代思想，如何分类是大问题。简化和繁化，常常闹矛盾。简化，可以简到十家、六家、两三家，或者干脆无家。繁化呢，则称百家，或者一人就是一家。这两种说法，各走一个极端。白马非马，你别觉得可笑，有些美国汉学家，有些留学生，特会玩这一套。他要跟你玩国际主义，就只讲共同性，不讲特殊性，说什么东方、西方、外国人、中国人，还不都是人？一讲中国本身，就拿把快刀，横切竖割，说哪儿哪儿都不一样，根本就没中国人，朝代和朝代不一样，地区和地区不一样，或者干脆下个定义，只有说中国话（汉语）的才是中国人。

我认为，儒、道有明显区别。大家说，《老子》不贬仁义，这是睁眼说瞎话。比如"绝仁弃义"，大家说，肯定是后人窜改，不一定，情况可能相反，郭店楚简的主人既然兼修儒道，窜改的可能反而是他。更何况，即使这是原貌，简本还是有不少反儒家的言论，总不能都是窜改。比如上一章，作者既然把"仁义""孝慈""忠臣"和"大伪"并列，当作乱世的产物，很明显有负面的含义。学者要把这些反对儒家的话统统解释为庄子和其他后学的改造，根本不可能。

第二十章 （今本第二十章）

绝学无忧。唯与诃，其相去几何？美与恶，其相去何若？人之所畏，亦不可以不畏人。恍兮其未央哉！众人熙熙，若飨于大牢，而春登台。我泊焉未兆，若婴儿未咳。累兮如无所归。众人皆有余，我独匮。我愚人之心也，蠢蠢兮。俗人昭昭，我独若昏兮。俗人察察，我独闷闷兮。忽兮其若海，恍兮其若无所止。众人皆有以，我独顽以俚。我欲独异于人，而贵食母。

【大义】

不学习，不苦恼。听人吆喝和吆喝别人，其实差不多。美丽和丑陋，也相去不远。人家怕你，你不也得怕人家？我老是恍恍惚惚，怎么看也看不清。人家都吃喝玩乐，寻开心，就我傻乎乎，好像无欲无求，只会哭，不会笑，光知道吃奶，不懂人事的小屁孩儿。我垂头丧气，不知该上哪儿。大家都有不少财产，我却是个穷光蛋。我只有一颗愚人的心，蠢得谁都比不了。俗人都是明白人，就我是个大傻瓜。周围的一切，好像大海茫茫，浩瀚无涯，不知哪里是岸边。

大家都特拿这个世界当回事，就我一点正经没有，专门拿它开玩笑。我和他们不一样，只是个吃奶的孩子。我只吃大道妈妈的奶。

　　这番话，是一篇《独立宣言》，独立于谁？独立于群众。我国国情，人缘不行，什么都不行。什么叫人缘？就是上有领导，下有群众。群众不能惹。"千人所指，无病而死"（《汉书·王嘉传》引里谚）。古人说，民可载舟，亦可覆舟。群众是什么？我的"文革"体会是，只要条件成熟，马上可以变成洪水猛兽。屈原不明白，自己心明眼亮，群众怎么这么糊涂。这里相反，"我"与"众人""俗人"处处相反，不是群众不明白，而是自个儿太糊涂，难得糊涂。孔子说，隐士清高，他欣赏，但绝不参加，理由是，他总不能与鸟兽为伍（《论语·微子》18.6），《老子》不同，他不怕脱离群众。（难得糊涂）

【讨论】

　　"绝学无忧"至"亦不可以不畏人"，简本有这一段。

　　这段话有两个重点，一是难得糊涂，劝人要糊涂一点；二是远离群众，别和俗人一般见识，群众都太明白，自己还是傻一点好。

　　"绝学无忧"，是讲难得糊涂，越学习，越苦恼；不学习，不苦恼。

"唯与诃"，这两个字，含义相反。"唯"，是唯唯诺诺，听人呵斥，表示答应的唯，相当于喳、是、遵命、Yes、哈依，北京话叫听喝；"诃"或"呵"，是呵斥的呵，如上级叫下级住嘴、滚蛋，Shut up，get out here，都是这类词儿。乙本作"唯与呵"，呵与诃同，意思一样。河本、王本、傅本作"唯之与阿"，"之"字是多余，"阿"是拍马屁，含义不同。想本又作"何"。

"几何"，是多少的意思。

"美与恶"，简本同，傅本作"美之与恶"，"之"字也是多余。河本、王本作"善之与恶"，"善"，与"美"含义相近，字形也相近，是后来改字。

"何若"，是如何，和"几何"差不多。

"人之所畏，亦不可以不畏人"，"畏"是敬畏。简本同，但第二句的"人"字，原来被错误地断在下句。"人之所畏"是民人敬畏君长，"亦不可以不畏人"是君长也不可不敬畏民人。今本删"人"字，是没有理解这两句话的本义。

上面这段，是说唯与诃、美与恶，看似相反，其实差不多；君长和民人，也是互相敬畏。

"恍兮其未央哉"，"恍"，原作"望"，观下文"恍"亦作"望"，这里应读恍。"恍"是意识模糊的状态。今本作"荒"，是假借字。"未央"是表示时间上没完没了。

"熙熙"，有两种解释，一种是热闹（即"熙熙攘攘"的"熙熙"），北京话叫乌央乌央；一种是和乐。

"若飨于大牢"，食用九鼎，牛羊豕俱全，叫大牢，这里是说，好像大吃二喝，很开心。

"而春登台"，春天的时候，登台远望，披襟当风，是很大的享受。《论语·先进》11.26有一段很长的对话，孔子让他的学生各言其志，曾皙说，"莫（暮）春者，春服既成，冠者五六人，童子六七人，浴乎沂，风乎舞雩，咏而归"，就是讲这种享受。这句，河本、王本作"如登春台"，想本、傅本作"若登春台"。

"泊焉未兆"，是淡泊而欲望未生的样子，即懵懵懂懂、不开窍的样子。

"若婴儿未咳"，"咳"，傅本同，河本、想本、王本作"孩"。《说文·口部》是以孩为咳的古文。小孩，先会哭，后会笑，后会说话；先会蹬，后会爬，后会走路。这里说的"婴儿"，是光会哭不会笑，还在妈妈怀里吃奶的孩子，"我"傻，傻得跟这种孩子一样。

"累兮如无所归"，"累"是垂头丧气、疲疲沓沓的样子，"无所归"是没处去。高明指出，孔子适郑，郑人相孔子，说他"累累若丧家之狗"（《史记·孔子世家》），就是这里的"累兮如无所归"。河本"乘乘"（"乖乖"之误）、想本"魁"（原从鬼从今）、王本"儽儽"、傅本"偏偏"，都是

"累"字的错字或通假字。看来，老子也不以无家可归为什么丑事。

"匮"，原作"遗"，今本也作"遗"，应读匮。

"蠢蠢"，乙本作"淳淳"，河本、王本、傅本作"沌沌"，想本作"纯纯"，都是通假字。

"俗人昭昭，我独若昏兮。俗人察察，我独闷闷兮"，"闷闷"，是愚笨不明的意思。屈原说，"举世皆浊我独清，举世皆醉我独醒"（《楚辞·渔父》），与此相反。这里是说，世人都明明白白，自己却糊糊涂涂。

"忽兮其若海"，"忽"是恍惚的惚，指海天茫茫，什么都看不清。古人常以晦训海（属于音训），楚帛书的"四海"，就是写成"四晦"。"忽"也有晦义，正是形容大海的昏晦无所睹。河本作"忽"，同帛书本，但傅本作"淡"，王本作"澹"，变化较大。"澹"是形容水波荡漾，如"水澹澹兮生烟"（李白《梦游天姥吟留别》）。"海"，想本作"晦"。

"恍兮其若无所止"，与上"恍兮其未央哉"是类似说法，但"未央"是时间上没完没了，这里的"无所止"是空间上无穷无尽，指大海茫茫望不到边。"恍"，原作"望"，此句的"恍"与上句的"忽"相对，是指恍惚的恍。下章"忽兮恍兮""恍兮忽兮"，"恍"也是这么写。河本作"漂"，傅本作"飘"，王本作"飂"（音liú），变化较大，成了讲风。漂同飘，飘是旋风或暴风，飂是高风，帛书本只讲海，与风无关。今本通过改字，变成另一种意思，一句是说深似海，一句是说好像风，飘飘悠悠，停不下来。

"众人皆有以"，众人都特拿周围的事当事，过于认真。这里的"以"，类似《论语·先进》11.26"以吾一日长乎尔，毋吾以也"的"以"。

"我独顽以俚"，就我调皮捣蛋，很俗气。"顽"是顽皮的意思；"以"是而的意思，"俚"是鄙俗的意思。"俚"，乙本、今本作"鄙"，意思一样。

"贵食母"，是贵食于母。古书所谓食，有两种意思，食其食，食于人，叫食；以食食人，喂之养之，也叫食。后者，或作饮、饲。《老子》以母喻道，以婴儿喻德，有德之人如婴儿食母之乳。乳亦称食。这里的"食母"是吃妈妈的奶。

第二十一章 （今本第二十一章）

孔德之容，唯道是从。道之物，唯恍唯忽。忽兮恍兮，中有象兮。恍兮忽兮，中有物兮。窈兮冥兮，中有情兮。其情甚真，其中有信。自今及古，其名不去，以顺众父。吾何以知众父之然也？以此。

【大义】

此章解释德。它说，最大的德就是遵循道，其他话没有，都是讲道。道生万物，恍恍惚惚，昏昏暗暗，看不分明，却有象可见，有物可察，有情可求，其实是很可靠的东西。从现在往古代追，大家都知道它的名，这个总名就是道。万物有形，我们怎么知道万物是怎么来的？是靠"众父"给它们起的名。"众父"也是道的别名。（遵道就是德）

【讨论】

"孔德之容"，"孔德"是大德，类似"玄德"（第10、51、65章）、"恒德"（第28章）、"广德"（第40章）、"建德"（第40章）。德者得也，得于什么？得于道。"容"，有两种理解，一种是形容之容，表示样子；一种是动容之容，是动的意思。动容之容，本来作搈（音róng）。这句话，想尔注的曲解很有意思，他把"孔德"解释成孔子的德。注云："道甚大，教孔丘为知，后世不信道文，但上（尚）孔书，以为无上，道故明之，告后贤。"

"道之物"，即道所生的万物。今本作"道之为物"，过去以为是道创造万物的意思，现在看来不对，"为"字是加上去的。

"中有象兮"，"象"指物的表象，义近于形。第40章说"大象无形"。

"中有物兮"，指物的实体。

"窈兮冥兮"，"窈"（音yǎo）通幽（皆从幺得声），傅本作"幽"，为深远之义，与玄类似；"冥"是昏暗。

"窈兮冥兮，中有情兮。其情甚真，其中有信"，两"情"字，原作"请"，古书往往用请为情（简帛古书例子很多），情可训真训实，是情实的意思。今本作"精"，是通假字，《淮南子·道应》"其中有精"，或即所本。

"其中有信"，指其情可信。

"自今及古，其名不去"，上句，傅本同，河本、想本、王本作"自古及今"。下句，"其名"是万物之名，有一形就有一名，属于形名之名，不是第1章所谓"恒名"。帛书作"自今及古"，是以"古"与"去"押韵，换成"自古及今"，就成了与上文的"精""真""信"押韵。[1]

"以顺众父","众父",即第1章的"万物之始";"顺"是循其名以察其始。今本作"以阅众甫",阅是一一检查的意思,甫同父,可训始。第1章说,"无名,万物之始也",万物之始还没有名,就像光有爸爸,只有精子,或小孩还在妈妈肚子里,是没有名的,有名,得从妈妈肚子里掉下来。所以说,"有名,万物之母也"。古人有名有字,名是小名,生下来就起,由爸爸起;字是表字,要到成年以后起,即行冠礼、笄礼之后,由爸爸的朋友起。名虽然由爸爸起,"以顺众父",每个名的后面,都有一个爸爸,但妈妈只有一个,他(或她)的名是从妈妈把他(或她)生下来才有,以前没有。道父、道母都是道,都是万物之源,异名而同谓。第25章说,道是"天地母",万物有名,道无名。"吾未知其名,字之曰道,吾强为之名曰大",也是借古代的名字制度为喻,它的名是"大",字是"道",合在一起是"大道"。

1　郑良树《老子新校》,台北:学生书局,1997年,104页。

第二十二章 （今本第二十四章）

欠者不立。自视者不章（彰），自见者不明，自伐者无功，自矜者不长。其在道，曰余食赘行，物或恶之，故有裕者弗居。

【大义】

《老子》说，踮起脚尖，使劲往上探身子，就会站立不稳。人为拔高自己，自以为了不起，自高自大，自以为是，自我吹嘘，都是没有自知之明，事情办不成，也干不长久，在有道者看来，都是多余，还遭人讨厌。有道者不会这么干。（**人为拔高，不必要**）

【讨论】

"欠者不立"，"欠"，原作"炊"，疑读为欠，欠是欠伸之义。河本作"跂"，王本、傅本作"企"，"跂""企"都是踮起脚后跟。想本作"喘者不立"（遂州《道德经》碑同），注云"用气喘息，不合清静，不可久也"，是以行气为说。疑"喘"由"吹"来。今本下有"跨者不行"（步子迈得太大，就没法走路），是为了制造对称。

"自视"，今本作"自是"。古文字，视和是、示经常通假。这里带"自"的四句话，全是两两相对，"自视"对"自见"，"自伐"对"自矜"，"不彰"对"不明"，"无功"对"不长"，从文义看，当以作"视"为是。

"自见"，视与见，古文字，写法非常相似，前者是目加跪人，后者是目加立人，一个是坐视，一个是立见，极易混淆，过去往往以视为见。视和见的区别主要是，视是看，见是看见。这两句，今本互倒。

"自伐"，自夸。想本作"自饶"。

"自矜"，自恃，自大，北京话说的"拿糖""端谱""摆架子""劲儿劲儿的"，最接近它的含义。

以上四句，类似的话还多次出现，见下第23章和第30章。

"余食赘行"，或读为余食赘形，疑指多余的东西。想本作"余食馂行"，另创新解，以禁祭馂祷词为说，注云："行道者生，失道者死。天之正法，不在祭馂祷词也。道故禁祭馂祷词，与之重罚。祭馂与邪通同，故有余食器物，道人终不欲食用之也。"

"物或恶之"，见第31章。"物"是外人，对"我"而言。

"故有裕者弗居"，"裕"，原作"欲"。高明指出，古代训诂，裕有道的意思，今本作"道"是同义换读。[1]

1　高书，338页。

第二十三章 （今本第二十二章）

曲则全，枉则正；洼则盈，敝则新；少则得，多则惑。是以圣人执一，以为天下牧。不自视，故彰；不自见，故明；不自伐，故有功；弗矜，故能长。夫唯不争，故莫能与之争。古之所谓曲全者，岂语哉？诚全归之。

【大义】

这一章和上一章有关，但话是反着说。一般人都认为，弯着不如直着好，虚着不如满着好，旧的不如新的好，少了不如多了好，但《老子》不这么看。它说，曲才能保全，弯才能正直，凹才能填满，旧才能更新，少才有得，多则糊涂。它说，"圣人执一"，是靠道来治理天下。不自大，所以能成其大。不与人争，所以没人能和他争。古人所谓"曲全"，岂为虚语？表面受委屈，其实是万全之策。（**委曲求全**）

【讨论】

"曲则全"，曲是弯曲，一般与直相对，这里指委屈自己。作者认为，委屈自己，才能保全自己。

"枉则正"，"正"，原作"定"，乙本作"正"，想本、傅本亦作"正"，定从正声，两字相通。河本、王本作"直"，枉与直相对，正与直相近，作"直"是同义换读，《淮南子·道应》"曲则全，枉则直"，或即所本。

"洼则盈"，洼是凹陷低下的地方，盈是满。现在的凹字也是这个意思，唐代已出现。

"敝则新"，敝是损坏，与新相反。

"少则得，多则惑"，林彪喜欢这两句。他认为，书读多了，就会糊涂，让战士只读《毛主席语录》和老三篇。现在的精品，不是少而精，小而精，而是多而精，大而精。

"执一"，今本作"抱一"，是为了与第10章统一。一指道。

"天下牧"，牧是放牛放羊的人，这里指君主。今本作"天下式"，是为了与第28章统一。

下面几句，请对比上一章，三处用"不"，都是加在"自"字的前面；一处用"弗"，没有"自"字。不和弗不一样，前面已谈过。不自量力，不能说弗自量力。

"故莫能与之争"，无主语，想本作"故莫能与争"。河本、王本、傅本作"故天下莫能与之争"，在"故"下加了"天下"二字。《淮南子·道应》"故天下莫能与之争"，或即所本。

"古之所谓曲全者"，"曲全"即上"曲则全"。看来开头的几句话都是古语。

　　"岂语哉"，意思是难道只是说说吗。今本作"岂虚言哉"，加了"虚"字。

　　"诚全归之"，确实达到了全。

第二十四章 （今本第二十三章）

希言自然。飘风不终朝，暴雨不终日。孰为此？天地而弗能久，又况于人乎？故从事而道者同于道，德者同于德，失者同于失。同于德者，道亦德之；同于失者，道亦失之。

【大义】

《老子》强调少说话。它说，飘风刮不长，暴雨下不久，就连天地都没法改变，何况是人。干事情，只有符合道才属于道，符合德才属于德，符合失才属于失。有德的，道会让他得；失德的，道会让他失。（*少说为妙*）

【讨论】

"希言自然"，意思是少说话才合乎自然，而不是少说自然这件事。上第17章有"信不足，焉有不信，犹兮其贵言也"，贵言就是讲希言。孔子喜欢讷，也反对多言（《论语·里仁》4.24、《子路》13.27）。

"飘风"，有两种解释，一种是旋风，一种是疾风。旋风之大者，是龙卷风，暴风之疾者是台风和飓风。台风、飓风是一种海洋上的热带气旋，8—11级叫热带风暴，12级以上叫台风或飓风。台风，即英语typhoon，本来是广东方言的大风。东亚这边叫台风，西印度群岛和大西洋那边叫飓风。美国堪萨斯有一景，是龙卷风。《孙子·火攻》："昼风久，夜风止。"

"暴雨"，今本多作"骤雨"，但想本作"趍雨"。

"天地而弗能久"，今本先回答上面的问题，作"天地"，然后接此句，作"天地尚不能久"。"天地"重文，是加上去的。此句是说，就连天地都不能让飘风暴雨久，不是说天地本身不能长久。

"故从事而道者同于道"，是说从事于道而又合于道。想本作"故从事而道得之"，有点近似。今本恐生误会，改成"故从事于道者，道者同于道"。《淮南子·道应》作"故从事于道者同于道"，或即所本。

"德者同于德"，德同得，这是双关语，下面的两个德字一样。傅本"德"作"得"，在此句前面加了"从事于得者"。

"失者同于失"，傅本在此句前面加了"从事于得者"。

"同于德者，道亦德之，同于失者，道亦失之"，这四句，今本添字加句，非常乱。河本、王本作"同于道者，道亦乐得之；同于德者，德亦乐得之；同于失者，失亦乐失之；信不足焉，有不信焉"。想本无"同于道者，道亦乐得之"，作"同于德者德得之，同于失者道失之，信不足，有不信"。傅本缺少三个"同"字，作"于道者，道亦得之；于得者，得亦得之；于失者，失亦得之。信不足，焉有不信"。它们都有"信不足，焉有不信焉"。"信不足，焉有不信"，见第17章。

第二十五章 （今本第二十五章）

有物混成，先天地生。寂兮寥兮，独立而不改，可以为天地母。吾未知其名，字之曰道，吾强为之名曰大。大曰逝，逝曰远，远曰返。道大，天大，地大，王亦大。国中有四大，而王居一焉。人法地，地法天，天法道，道法自然。

【大义】

这章很重要，也是讲道。道是混沌，先天地而生，虚空宁静，超然独立，永恒不变，是天地的妈。道，是天地之源，但本身没爹没妈。没爹没妈，当然也就没有名字。如果非像人那样起名字，只能勉强称之为"大"或"道"。人刚生下来，只有名，没有字，大了，才有字。"道"就是她的字，"大"就是她的名。道之动，有往必有返，物极必反。所以，不管事情发展到什么地步，我们都别忘了，道才是根本。四大：道大、天大、地大、王大，谁都以为王最大，但王大不如道大，所以把它叫作大。而王再大，也是人，人是效法地，地是效法天，天是效法道，道是效法自然。（道法自然）

【讨论】

此章有简本。

"有物混成"，简本作"有状混成"。

"寂兮寥兮"，简本作"敓穆"，应是通假字。我怀疑，敓是祝之误字。穆，古书往往作缪。[1]今本下文多出"周行而不殆"。

"天地母"，今本作"天下母"，不对。这是为了与第52章统一。

"大曰逝"，"逝"是往，与"返"相反。这个字，原作"筮"。简本作"𧧒"，写法比较怪，此字见于郭店楚简和上博楚简，有两种读法，一种是噬，一种是逝。

"逝曰远，远曰返"，"远"犹极，物极必反，往的太远，就会返回来。

"道大，天大，地大，王亦大"，今本同，这个顺序比较好。简本作"天大、地大、道大、王亦大"，把道字移后，放在天、地和王之间，顺序比较乱。道是本源，最大，应该排在前面；天、地、王，相当于天、地、人，应该排在后面。四大中的"王"，下文作"人"，以王为人之大者。想本改"王"为"生"，以成曲说，注云："生，道之别体也。"

"国中有四大"，简本同，今本作"域中有四大"。先秦

1　李零《郭店楚简校读记》（增订本），6页。

邦字，汉代改国，但"中国"是固有词汇，不作"中邦"，中国的意思本来就是域之中。

"人法地，地法天，天法道，道法自然"，注意，"道"的后面还有"自然"。自然是道的本来面目，并不是另一个东西。

第二十六章 （今本第二十六章）

重为轻根，静为躁君。是以君子终日行，不离其辎重。虽有环观，燕处则超若。若何万乘之王，而以身轻于天下？轻则失本，躁则失君。

【大义】

道贵重、静。"重"是老成持重的重，"静"是闹中取静的静。（老成持重，闹中取静）

【讨论】

"重为轻根，静为躁君"，重与轻相反，静与躁相反，多言多动，是为躁。根是作为根本的一方，君是作为支配的一方。

"辎重"，运送物资装备的车叫辎车、重车。军队开拔，战车在前，辎重在后。战车是马车，比较轻疾；辎车、重车是牛车，比较笨重。《孙子·军争》："是故军无辎重则亡……"

"环观"，即围观。今本作"荣观"。"荣观"即营观，营者萦绕，与环同义。

"燕处则超若"，"燕处"即安处，"超若"即超然。傅本"燕"作"宴"。燕国的燕，古文字作匽，它所从的妟，表面从女，其实从安。安字下面的女字，右下往往加一撇，就是为了区别于一般的女字，所以也可以写成晏子的晏。战国楚简，往往把这种省去宀旁带饰笔的女字当焉字用，而把保留宀旁的这个字当安字用。妟或晏，有两种解释，一种训清，是海清河晏的晏，天清气朗的晏；一种训晚训暮，是天黑将息的晏。

"若何万乘之王"，"若何"，河本、王本作"奈何"，傅本作"如之何"，意思相似；"万乘之王"的"王"，今本作"主"。春秋战国，人们是以兵车数量表示国力。春秋时期，千乘之主已经是大国之君，但春秋晚期，各国的兵车已超出此限。如晋、楚二国，兵车可以达到4000辆以上，战国时期，更有"万乘之主"和"万乘之王"的说法。东周列国，楚国称王最早，从春秋到战国，一直称王。《老子》是楚书，称"万乘之王"很合适。

"而以身轻于天下"，《老子》贵身，以身为重，重于天下。若轻其身于天下，自然是失去根本。

"轻则失本，躁则失君"，"本"，《韩非子·喻老》作"臣"。

第二十七章 （今本第二十七章）

善行者，无辙迹；善言者，无瑕谪；善数者，不以筹策；善闭者，无关籥（钥）而不可启也；善结者，无缲约而不可解也。是以圣人恒善救人，而无弃人，物无弃材，是谓袭明。故善人，善人之师；不善人，善人之资也。不贵其师，不爱其资，虽知（智）乎大迷，是谓妙要。

【大义】

合乎道的境界很奇妙，就像善于旅行，不留车辙；善于说话，无可指摘；善于统计，不用算筹；善于锁门，不用钥匙；善于结绳，没扣也打不开。圣人善于搜罗人材，能够做到人尽其才，物尽其用。这叫一贯的高明。"善人"（有本事的人）是"善人"的老师，可以向他学习；"不善人"（主要指没本事的人），是"善人"可以利用的资源。不尊重老师，不爱惜资源，再聪明，也是大糊涂蛋。这话最奥妙，这话最重要。（人无弃人，物无弃材）

【讨论】

"辙迹"，车辙马迹。

"瑕谪"，瑕，指言辞中的毛病；谪，音zhé，作为名词，是过错的意思。

"数"，河本作"计"，义相近。

"筹策"，是古代的计数工具，用竹木小棍制成。

"关籥"，即关钥或管钥，关或管是锁子，钥是钥匙。河本、王本作"关楗"，想本作"关揵"，傅本作"关键"。《淮南子·说山》"善闭者不用关楗"，或即所本。楗或键也是钥匙。

"启"，今本作"开"，是避汉景帝讳。

"缪约"，绳索。缪音mò，原从糸从黑。今本作"绳约"。

"是以圣人恒善救人，而无弃人，物无弃材"，"救"，似应读为鸠或纠，鸠是聚敛的意思，这里指搜罗人材。原文简约，今本添油加醋，河本、王本作"是以圣人常善救人，故无弃人；常善救物，故无弃物"，想本作"是以圣人常善救人，而无弃人；常善救物，而无弃物"，傅本作"是以圣人常善救人，故人无弃人；常善救物，故物无弃物"。《淮南子·道应》作"人无弃人，物无弃物"，或即所本。《文子·自然》作"故人无弃人，物无弃材"，则同于帛书本。上博楚简《容成氏》讲上古盛世，瞎子搞音乐，瘸子看大门，给所有残疾人安排工作，就是体现这一想法。

"袭明"，是一贯的高明。袭和习，古书常换用，有习惯、沿用的意思。参看第52章"袭常"。

"故善人，善人之师"，善人可以当善人的老师。古书中的"善人"有两个意思，一个意思是好人，道德上的好人；一个意思是聪明人，有特长有本事的人。这里是哪一种，要看上下文。上文的"善行者""善言者""善数者""善闭者""善结者"，都是有特长有本事的人，这里的"善人"主要是指这种人。"善人"，又见第8、62、81章。

"不善人，善人之资也"，善人不弃不善人，虽其不善，犹有可用之处。"不善人"，又见第62章。今语"师资"一词是出典于此章，含义有变化。

"虽知乎大迷"，虽然聪明，却等于糊涂。

"妙要"，是说上面三句话非常巧妙也非常关键。今本作"要妙"，意思一样。

第二十八章 （今本第二十八章）

知其雄，守其雌，为天下溪。为天下溪，恒德不离。恒德不离，复归于婴儿。知其（日）〔白〕，守其辱，为天下谷。为天下谷，恒德乃足，复归于朴。知其〔白〕，守其黑，为天下式。为天下式，恒德不忒。恒德不忒，复归于无极。朴散则为器，圣人用则为官长。夫大制无割。

【大义】

这是讲立德。《老子》拿婴儿打比方，这是第二回。它说，"恒德"，即最大的德，就是回到婴儿态。婴儿态，就是无知无识，无所作为。作者说话，故意反"常识"：雌和雄，它挑雌；山陵溪谷，他挑溪谷；清白和有污点，他挑有污点。作者认为，"恒德"就是返朴归真，守着大道，千万不要发展，只要一发展，道就破散。破散了，怎么办？还要回到道，也就是永恒无极，没有终点和结束的东西。圣人设官分职，有如把木材打成家具，家具做好了，材料也就不存在。但圣人还要把这种分工纳之于道，你分我不分，大权还要牢牢攥在自己手里。就像高明的裁缝，自己不动手裁剪，

靠伙计干。（回到婴儿态）

【讨论】

"知其雄，守其雌"，是明知什么强，宁守其弱。《说苑·敬慎》引《金人铭》有"执雌持之"语（又见《孔子家语·观周》），与此相近。[1]

"天下溪"，是雌，它是模仿玄牝，比喻至德。

"恒德"，是至德。"玄德"（第10、51、65章）、"孔德"（第21章）、"广德"（第40章）、"建德"（第40章）是类似叫法。

"婴儿"，也是柔弱者，比喻至德。

"知其（日）[白]，守其辱"，第三字，甲本作"日"，乙本作"白"，"日"是"白"之误；"辱"同䁌，音rǔ，是黑垢的意思，不是荣辱之辱。第40章："大白如辱"，白、辱相对，也是这样读，都是白、黑相对。今本作"荣"，是以荣、辱相对。《淮南子·道应》"知其荣，守其辱，为天下谷"，或即所本。

"天下谷"，犹"天下溪"。

"朴"，也是比喻道。未经剖分加工的木材叫朴，未经剖分加工的玉材叫璞。

"知其[白]，守其黑"，和上文的"知其（日）[白]，

1 　郑良树《〈金人铭〉与〈老子〉》，收入他的《诸子著作年代考》，12—20页。

人往低处走——《老子》天下第一

守其辱"互文有别，意思是一样的。甲本脱"白"字，乙本有，此句和上"知其（日）[白]，守其辱"有点重复，故今本把上"知其（日）[白]，守其辱"改为"知其荣，守其辱"。今本的顺序也不同，它是把"知其（日）[白]，守其辱"节放在"知其[白]，守其黑"后。

"天下式"，天下的标准和模范。古代相马的模型叫马式，占卜天时的工具叫式盘，都是取于这类含义。参看第65章："恒知此两者，亦稽式也。恒知稽式，此谓玄德。"

"恒德不忒"，"忒"，原作"贷"，河本、王本、傅本作"忒"，这里读为"忒"。想本同帛书本，亦作"贷"，不破读，以成其曲说，注云："知守黑者，道德常在，不从人贷，必当偿之，不如自有也。行《玄女经》、龚子、容成之法，悉欲贷，何人主当贷若者乎？故令不得也。唯有自守，绝心闭念者，大无极也。"

"朴散则为器"，朴是原材料，一旦被加工，就变成了器。

"圣人用则为官长"，圣人治理天下，不是事必躬亲，靠自己干，而是设官分职，靠百官替他干。百官各司其职，犹朴散而为器，道是散了，但圣人把它收拢，还掌握在自己手中。

"大制无割"，这里的"制"不是制造或治理的意思，而是读为製，製是裁衣，此句是说，真正高明的裁缝，绝不自己动手裁剪，而是靠伙计替他干。

第二十九章 （今本第二十九章）

将欲取天下而为之，吾见其弗得已。夫天下神器也，非可为者也。为者败之，执者失之。物或行或随，或嘘或吹，或培或堕。是以圣人去甚，去泰，去奢。

【大义】

这是讲为政。《老子》反对"取天下""为天下"。当时一定有不少政治野心家，心里惦着这件事。作者认为，天下是"神器"，非常神圣，不是谁想据为己有就据为己有，谁想怎么玩就怎么玩。玩天下者，必将失败，想守也守不住。凡事，有在前面走的，就有在后面跟的；有呼热气的，就有吹冷风的；有往起堆土搭台的，就有破坏拆台的。所以，圣人要强调"去甚，去泰，去奢"，反对一切过分的东西。（**天下是神器，不是玩具**）

【讨论】

"将欲取天下而为之"，"取天下"是全取天下而占有之，"为之"是人为干涉之。

"吾见其弗得已"，今本作"吾见其不得已"，今本"不得已"是表示无奈，这里的"弗得已"，可能是"弗得矣"的意思。

"非可为者也"，今本作"不可为也"。

"为者败之，执者失之"，参看第64章："为之者败之，执之者失之。"上文"取天下"就是"执之"，"而为之"就是"为之"。

"或行或随"，行是先行，随是随后。

"或嘘或吹"，嘘是缓出气以温物，吹是急出气以寒物。帛书甲本作"或炅或□"，乙本作"或热或硉"。甲本第二字是古热字，疑读嘘（热是日母月部字，嘘是晓母鱼部字，古音相近）；第四字是吹字的通假字（硉是精母歌部字，吹是昌母歌部字，古音相近）。今本、河本作"或呴或吹"，想本作"或嘘或吹"，王本作"或歔或吹"，傅本作"或嘘或吹"，可供参考。这句话的后面，今本增加"或强或羸"，是为了对称整齐。

"或培或堕"，或培土增高加固之，或堕坏摧毁之。河本作"或载或隳"，想本作"或接或堕"，王本作"或挫或隳"，傅本作"或培或堕"，"载"读栽，与培同义；"接""挫"是培之误，"堕"与隳常通用。

"去甚，去泰，去奢"，都是指去掉过分的东西。

第三十章 （今本第三十章）

以道佐人主，不以兵强于天下，其事好还。师之所居，楚棘生之。善者果而已矣，毋以取强焉。果而毋骄，果而勿矜，果而勿伐，果而毋得已居，是谓果而不强。物壮而老，是谓之不道，不道早已。

【大义】

这是讲用兵。《老子》反对穷兵黩武，争强好胜。它说，以道辅佐人主者，一定不要以武力称霸于天下。那样做，一定会走向反面。战争是很残酷的事，军队到哪儿，哪儿遭殃，荆棘丛生，一片荒凉。作者说，善于作战的人，只是为了取胜，不是为了逞强。即使取胜，也不狂妄自大，而是以不得已自居，懂得见好就收。如果不懂得见好就收，即使取胜一时，也算不上真正的强。什么东西，过分发展，都会走向衰落，这只能叫"不道"，即不符合道。不符合道，很快就会完蛋。

先秦诸子，《管子》《墨子》和《荀子》，其中的论兵之作，古代曾单行，《七略·兵书略》列为兵书。但《老子》

中的兵家言，没有被当作兵书。"文革"期间，毛泽东说，《老子》是一部兵书，根据是唐王真《道德经论兵要义述》。《隋志》已有《老子兵书》一卷。这是隋唐时期的看法。（**不道早已**）

【讨论】

此章有简本，简本无"师之所居，楚棘生之"、"果而毋得已居"和"物壮而老，是谓之不道，不道早已"，"其事好还"在"是谓果而不强"后。

"以道佐人主"，简本、今本，句末都有"者"字。

"不以兵强于天下"，简本作"不欲以兵强于天下"。

"其事好还"，这类事会走向反面。

"师之所居"，军队驻屯的地方。

"楚棘生之"，今本作"荆棘生焉"。"楚棘"即荆棘。古书常把楚国叫作荆或荆楚。此句下，河本、王本、傅本多出"大军之后，必有凶年"，但想本无此句。

"善者果而已矣"，简本、河本、想本、王本无"矣"字，傅本有。古代兵书常把善用兵者称为"善者"；"果"，即杀敌致果的果，《尔雅·释诂》："果，胜也。"

"毋以取强焉"，简本作"不以取强"，可见"毋以"是"不以"的意思。"毋以"也见上第10章和下第39章，后者，原来写成"毋已"。想本作"不以取彊"，同简本。河本、王本、傅本在"不"下加"敢"字。

"果而毋骄"，此句用"毋"。

"果而勿矜，果而勿伐"，这两句用"勿"。

"果而毋得已居"，今本作"果而不得已"，没有"居"字。如果"毋得已"等于"不得已"，我怀疑，此句是说，战胜要以不得已自居。

以上四句，两用"毋"，两用"勿"。

"是谓果而不强"，简本同，乙本脱"不"字，今本作"果而勿强"。

"是谓之不道，不道早已"，各本微异。上句，乙本作"谓之不道"，河本、王本作"是谓不道"，想本作"谓之非道"，傅本作"是谓非道"；下句，河本、王本作"不道早已"，想本、傅本作"非道早已"。

第三十一章 （今本第三十一章）

夫兵者，不祥之器也。物或恶之，故有裕者弗居。君子居则贵左，用兵则贵右。故兵者，非君子之器也；兵者，不祥之器也。不得已而用之，恬淡为上。勿美也，若美之，是乐杀人也。夫乐杀人，不可以得志于天下矣。是以吉事尚左，丧事尚右。是以偏将军居左，上将军居右。言以丧礼居之也。杀人众，以悲哀泣之；战胜，以哀礼处之。

【大义】

此章也是讲用兵。《老子》论兵，这章最有代表性。

它说，兵器是不祥之器，不得已才用之，有道者都躲着它。用兵是令人讨厌的事，绝不值得赞美。赞美用兵，就是以杀人为乐，以杀人为乐，是不可能得志于天下的。古人说，"吉事尚左，凶事尚右"，用兵是属于凶事，即使取胜，也要以丧礼对待，为死者举哀。（**兵者不祥**）

【讨论】

此章有简本，简本无开头的"夫兵者，不祥之器也。

物或恶之，故有裕者弗居"。

"夫兵者"，"兵"，本指兵器，不指军队，这里也是指兵器，故下文说"不祥之器"。今本添字为说，河本、想本、王本作"夫佳兵者"，傅本作"夫美兵者"，"佳""美"都是形容好。《史记·扁鹊仓公列传》引《老子》"美好者，不祥之器"，或即所本。今本添了这个字，意思有变化，成了好兵器是不祥之器。现在，最好的兵器是什么？是所谓"大规模杀伤性武器"，即美国在伊拉克找了半天没找着的武器。好兵器是不祥之器，这叫什么话？兵器都是杀人的。孟子说，"杀人以梃与刃，有以异乎"（《孟子·梁惠王上》），即用棍子杀人和用刀杀人有什么区别？没有。过去，很多人都以为今本"佳"是隹之误，读为唯，还有人以为"不祥"下面的"之器"是多余，帛书本出来，证明都是错的。

"物或恶之，故有裕者弗居"，已见上面第22章。"物"，指外人，与我相对；"裕"，原作"欲"，今本作"道"。"裕"就是道，上面已经说过。"居"，这里是指居不祥，不是指居不祥之器。

"君子居则贵左，用兵则贵右"，下文"吉事尚左，丧事尚右""偏将军居左，上将军居右"，是类似说法。古人有左文右武之说（如《逸周书·武顺》《管子·版法解》和《幼官》《幼官图》）。这是阴阳说的体现。

古人讲阴阳，前后左右是以面南背北而定，如北京城，前门在南，后门桥在北，左安门在东，右安门在西，就是这么定。

方向定了，就有阴阳，如北京城内的主要坛庙，就是以东南为阳，西北为阴。天坛、先农坛在南，是阳；地坛、先蚕坛在北（原在地坛旁，后来挪到北海后门的东边），是阴。日坛在东，是阳；月坛在西，是阴。太庙在左，是阳；社稷坛在右，是阴。

左文右武，文是阳，武是阴，这也是传统。如北京城，南边，前三门，正阳门居中，崇文门在左，宣武门在右；中间，紫禁城，三大殿居中，文华殿在左，武英殿在右；北边，鼓楼居中，孔庙、国子监在左。还有，皇史宬在太庙东，贡院在东单的东边，这也是左；杀人在菜市口（明代在西四牌楼），这也是右。凡是和文化沾边儿的都放在左边，凡是和杀人有关的都放在右边，很有规律。

"不得已"，《老子》有"弗得已"（第29章）、"毋得已"（第30章）。

"恬淡为上"，简本作"銛繣"，帛书，甲本作"銛袭"，乙本作"銛恍"。銛是恬的通假字，繣和恍可能是詧之误。[1]

"勿美也"，战争很惨，没有美感。打仗打上瘾，喜欢从打仗中取乐的军人，简直是杀人狂。简本作"弗美也"，

1　李零《上博楚简校读记》，27页。

想本、傅本作"故不美"或"故不美也"，河本、王本作"胜而不美"。

"夫乐杀人，不可以得志于天下矣"，先秦诸子都是社会批判家。卫灵公问陈，孔子故意回避，说"军旅之事，未之学也"（《论语·卫灵公》）。《墨子》非攻，《老子》止杀，更是著名者。《孟子·梁惠王上》说，"不嗜杀人者能之一"，和《老子》的说法很相似。但历史上，统一多靠暴力。如成吉思汗，经常野蛮屠城，蒙古帝国，疆域最辽阔。元代有丘处机一言止杀的故事，很流行。[1] 其实，丘处机见成吉思汗，不管说了什么，蒙古征服者的杀戮并未减少。有人怀疑，这只是当时的传说，并非真事。[2]

"吉事尚左，丧事尚右"，"尚"，简本和帛书本都作"上"，字与"尚"通，按今本的习惯阅读，应该读"尚"；"丧"，简本同，今本作"凶"，是为了对称，但下文有"丧礼"，"丧事"是对应于"丧礼"。《逸周书·武顺》："吉礼左还（旋），顺天以立本；武礼右还（旋），顺地以立兵。"《管子·版法解》："文事在左，武事在右。"是类似说法。古代营阵，一般都是以右为上，右阵为牡，左阵为牝，但楚、越

1　《元史·丘处机传》："太祖时方西征，日事攻战，处机每言欲一天下者，必在乎不嗜杀人。及问为治之方，则对以敬天爱民为本。问长生久视之道，则告以清心寡欲为要。太祖深契其言，曰：'天锡仙翁，以寤朕志。'命左右书之，且以训诸子焉。于是锡之虎符，副以玺书，不斥其名，惟曰'神仙'。"

2　杨讷《丘处机"一言止杀"辨伪》，收入张政烺先生九十华诞纪念文集编委会编《揖芬集》，北京：社会科学文献出版社，2002年，523—532页。

等南方国家相反，以右阵为牝，左阵为牡，左以应右，右以应左。

"偏将军居左，上将军居右"，偏将军位卑，上将军位尊，尊者居右，卑者居左，是以右为上。古代战车，车上一般是三人，御者居中，射手在左，执戈矛的在右，如果将帅在车上，将帅居中，执桴鼓，御者在左，执戈矛的在右。右者是甲首，相当于队长，要比左边的人尊贵。西方礼仪，男女并坐，男左女右。我国也讲男左女右，理由是左阳右阴。右者为上是属于凶礼。

"丧礼"，是居丧的礼，办丧事的礼，发送死人的礼。

"杀人众"，河本、想本、傅本作"杀人众多"，王本作"杀人之众"，皆添字。

"泣之"，帛书本原作"立之"，整理者读"莅之"，今本作"泣之"，这里读泣之，不读莅之。简本作"敆之"，和它们都不一样。敆，见于楚占卜简，是指解除，即一种为死者除凶攘祟的仪式。丰臣秀吉征朝鲜，杀人众，师还，堆耳成冢，冢前有碑记其事，就提到他怎样为死者吃斋念佛，超度亡灵。

"以哀礼处之"，是服丧的礼，孝子为父母守孝的礼。"处"，和今本一样，但简本作"居"。

参看第71章，俗话说"哀兵必胜"的"哀兵"，本来就是指具有上述态度的兵家。

我在《兵以诈立》中讲耳冢，讲魏列夏庚的画，可参看。[1]

【补记】

"兵"，北大本作"觟美"，疑读"媲美"。媲是匣母锡部字，觟是匣母支部字，古音相近，可通假。这一读法与上引《史记·扁鹊仓公列传》引《老子》"美好者，不祥之器"最接近。[2]

"恬淡"，北大本作"恬偻"，疑读"銛镂"，指兵器锋利。[3]

1　李零《兵以诈立》，北京：中华书局，2006年，106—107页。
2　北京大学出土文献研究所编《北京大学藏西汉竹书》贰，上海：上海古籍出版社，2013年，159页。
3　《北京大学藏西汉竹书》贰，159页。

第三十二章 （今本第三十二章）

道恒无名，朴虽小，而天下弗敢臣。侯王若能守之，万物将自宾。天地相合，以输甘露。民莫之令而自均焉。始制有名。名亦既有，夫亦将知止。知止所以不殆。譬道之在天下也，犹小谷之与江海也。

【大义】

道本无名，有如未经加工的木材。这种东西，看上去很小，却是天下万物的本源。侯王若能守道，为天下万物命名，万物将为它所用，有如天地交媾，云行雨施，普降甘露。但名发明之后，还要使用得当，适可而止，懂得适可而止，才能长盛不衰。道和天下万物，就像小谷和江海，小谷里的水只是细流，却能汇成江海之大。（**道是万物之源**）

【讨论】

此章有简本，大体相同。

"道恒无名"，道本来没有名，称之为道，是勉强加上去的。这话也见于第37章。参看第25章："有物混成，先天地生。寂兮寥兮，独立而不改，可以为天地母。吾未知其名，字之曰道，吾强为之名曰大。"

"朴虽小"，朴是道，指原始状态下的东西，未经分化的东西。不管多小，它都是万物的本源，天下万物都要奉之为君。

"宾"，臣服。

"天地相合，以输甘露"，古人认为，天气下降，地气上升，二气相合，才有雨露降下来。这里指天地生万物。郭店楚简《太一生水》讲宇宙创生，其过程是，太一生水，水和太一生天，天和太一生地，天地生阴阳，阴阳生四时。这里不太一样，它是先有天地，再有雨水，再有万物。"输"，原作"俞"，整理者读输或揄，简本作"逾"，今本作"降"，互相比较，读输是对的。输可训堕，与降同义。

"民莫之令而自均焉"，雨是普降而均。云行雨施，普降甘露，在古代有性含义，特别是一夫多妻制下的性含义。这里是用来比喻万物的生化。"帝德乾坤大，皇恩雨露深"，是清朝的话。这种阳光雨露的比喻，很有中国特色。

"始制有名"，制有裁分之义，《说文·刀部》训裁，这里指万物化生后，各有其名。

"名亦既有，夫亦将知止"，万物有名，既知其作，当知其止，见好就收。

"知止所以不殆"，知止，才会其用无穷。

"譬道之在天下也，犹小谷之与江海也"，这两句，是以小谷比朴，以江海比天下，谷虽小，而水从中出，流为江海，就像朴散而为天下万物。有人读反了，如任继愈，他的翻译是"'道'在天下的地位，正像小河流归附江海那样"。[1]其实，这里的小谷是源头，不是水之所归，而是水之所出。比如黄河、长江，源头都在青海，你从源头看，难以想象，涓涓细流，怎么会有江海之大。"小谷"，想本作"川谷"，是形近而误。"与"，各本都作"与"，王本误为"於"。

1　　任继愈《老子绎读》，73页。

第三十三章 （今本第三十三章）

　　知人者知（智）也，自知者明也；胜人者有力也，自胜者强也；知足者富也，强行者有志也；不失其所者久也，死而不忘者寿也。

【大义】

　　人有两种聪明，两种强大，两种富足，两种长寿。知人不如自知，自知才是聪明。胜人不如自胜（自己战胜自己），自胜才是强大。强行不如知足，知足才是富足。苟且偷生不如死后留名，死后留名才是长寿。（死而不忘者寿）

【讨论】

　　这八句话是两两相对，我用分号为隔。

　　"知人者智也，自知者明也"，不光打仗，要知己知彼；待人处世，也要知己知彼。敌人难知，朋友也难知，自己的老婆、孩子，你都不一定了解。这是知人。而最难了解的，也许正是你自己。自己知道自己，俗话叫"自知之明"。"自知者明也",《韩非子·解老》作"自见之谓明"。人除了照镜子，自己看不见自己。

"胜人者有力也，自胜者强也"，打体育比赛的都有这种体会，你要战胜对手，首先要战胜自己。自己战胜自己，属于"自强不息"，这样的人，才是强人。

"知足者富也，强行者有志也"，知足常乐，是真正的富足。强行者是不知足，志在必得，这叫有志，但对生活的满意程度并不一定很高。

"不失其所者久也，死而不忘者寿也"，"不失其所"，是维持原状，虚耗时间，这样的人，只能叫长久，不能叫长寿。比如石头，用地质年代计算，是以万年为单位；动植物，千年王八万年龟，各种古树，人都比不了。"死而不忘"，今本作"死而不亡"，"亡"和"忘"可以通假，但意思不一样。《列子·仲尼》引《老子》曰"死而不亡者寿"，或即所本。"死而不亡"分两种，一种是活死人，脑死亡，医学上叫植物人（vegetative being）；还有一种是活见鬼，死后活在另一个世界，或死而复活，从坟墓里爬出来，又到人间活动，比如放马滩秦简就有这种故事。"死而不忘"，是活在后人的心里，由于纪念，永垂不朽。《左传》襄公二十四年讲，晋国的范宣子和鲁国的叔孙豹，两人曾讨论什么叫"死而不朽"。范宣子说世禄就是"死而不朽"，叔孙豹说不对，"大上有立德，其次有立功，其次有立言"，这三条，"虽久不废"，才叫"死而不朽"。一个人，做好人，大家忘不了，这叫立德；做好事，大家忘不了，这叫立功；知识分子，死后有著作传世，如司马迁忍辱负重作《史记》，这叫立言。三不朽，才是《老子》说的"寿"。

第三十四章 （今本第三十四章）

道氾兮，其可左右也。成功遂事而弗名有也。万物归焉而弗为主，则恒无欲也，可名于小。万物归焉而弗为主，可名于大。是以圣人之能成大也，以其不为大也，故能成大。

【大义】

道散则无所不在，事情都是靠它才成功，但它却不居其名。万物归宗于它，它却无欲无求，不以主宰自居，这既是大也是小。道生万物，如汇小谷之水而成江海，从源头讲，似乎是小，但从结果看，它又是大。圣人都是不自大，所以才能成其大。（**不居其大，才能成其大**）

【讨论】

"道氾兮，其可左右也"，是说道无所不在。今本在"道"上加了"大"字。"汎"，甲本缺，乙本作"渢"，渢从风，风字是从凡得声，两字可以通假，今本作"氾"。"渢"字见于《左传》襄公二十九年。《说文》只有汎、氾，没有汎。此下，河本、王本多出"万物恃之而生而不辞"，想本、傅本略同（第一个"而"作"以"）。

"成功遂事而弗名有也"，把事情办成就得了，不必居其名。类似说法，也见于上面的第2章、17章和下面的第79章。今本把这句话缩写成五字句，河本、王本作"功成不名有"，想本作"成功不名有"，傅本作"功成而不居"。

"万物归焉而弗为主，则恒无欲也，可名于小。万物归焉而弗为主，可名于大"，头一句出现两次，为什么同是这句话，名却不一样，既可是"大"又可是"小"？今本的编者很困惑，有所改动，河本作"爱养万物而不为主，常无欲，可名于小；万物归焉而不为主，可名为大"，想本、王本、傅本略同，但"爱养"作"衣养"或"衣被"。我理解，作者两用"万物归焉而弗为主"，第一次是强调"弗为主""恒无欲"，所以是"小"；第二次是强调"万物归焉"，所以是"大"。两层意思，一点不矛盾。"恒无欲"，见第1章。

"是以圣人之能成大也，以其不为大也，故能成大"，今本以傅本最接近简本，作"是以圣人之能成其大也，以其终不自大，故能成其大"，河本、想本把前两句缩写成"是以圣人终不为大"，王本遗第一句，都有错误。"不为大"是小，"成大"是大。

第三十五章 （今本第三十五章）

执大象，天下往。往而不害，安平太（泰）。乐与饵，过客止。故道之出言也，曰淡兮其无味也。视之不足见也，听之不足闻也，用之不可既也。

【大义】

道是一种大象，对人无害。它是以自己的安全、平静、祥和吸引人，不像歌馆妓院、酒楼饭店一类吃喝玩乐的场所，是以美食和歌舞吸引路边的过客。只要手中有道，天下人，都会投奔你。道，从嘴里说出来，好像淡而无味。但它是"大象无形""大音希声""大器晚成"，看也看不够，听也听不够，用也用不完。（道用无穷）

【讨论】

此章有简本，大体相同。

"大象"，是道的形象。世人向道，是冲大象而去，但第40章说，"大象无形"，表面上看，好像没什么吸引人的地方。

"往而不害，安平太（泰）"，是讲道对人的吸引力。它的吸引力很平常，只是无害，让人觉得有安全感，心里踏实。"太"应读为泰，和"安""平"二字含义相近。这里以"太"为句尾，是为了押韵。

"乐与饵"，"乐"是音乐，古代的乐，不止是声乐，还包括器乐和舞蹈，有声有色；"饵"是吃喝。前者是满足声色之欲，后者是满足口腹之欲。这些都是吸引一般人，即所谓"过客"的东西。

"故道之出言也，曰淡兮其无味也"，河本、王本，"言"误"口"。道不像乐与饵，是一种淡而无味的东西。"道之出言"，是用语言表达道，这种语言，也就是第40章说的"大音希声"。

"视之不足见也，听之不足闻也，用之不可既也"，参看第40章："大方无隅，大器晚成，大音希声，大象无形。"道，是一种抽象，无所不在，"大象无形"，看不足以穷之，"大音希声"，听不足以穷之，"大器晚成"，但用途却无穷无尽。最后一句，王本求整齐，把"不可"改为"不足"。

【补记】

"执"，郭店本、北大本作"埶"。[1] "埶"可读设。帛书本、今本作"执"。

1　《北京大学藏西汉竹书》贰，161页。

第三十六章 （今本第三十六章）

将欲翕之，必固张之；将欲弱之，必固强之；将欲去之，必固与之；将欲夺之，必固予之。是谓微明，柔弱胜强。鱼不可脱于渊，邦有利器，不可以示人。

【大义】

这是讲以道治国。《老子》讲治国之术，非常阴柔。它有一套奇怪的辩证法，越想干什么，就越不干什么，处处跟"常识"拧着来，装柔示弱，掩盖目标，迷惑敌人，有如老练的兵法。作者说，这是一种"微明"，即看不见的光明。它是国家的利器。这类手段，都不可告人，就像鱼儿，一定要藏在深渊之中。（**国之利器，不可以示人**）

【讨论】

"翕"，音xī，收敛。

"将欲去之，必固与之"，今本作"将欲废之，必固兴之"，盖先误"与"为"兴"，又改"去"为"废"，以求对称。这几句话，古书引用很多，如《韩非子·喻老》作"将欲取之，必固与之"，我们从《韩非子·说林》《战国策·魏策一》等书的引用看，《老子》可能是转引《周书》佚文，两者有差别，也有所混淆。[1]

"必固予之"，今本"予"作"与"，上文"与"误为"兴"，这里反而作"与"，当从帛书本。

"微明"，第14章说"视之而弗见，名之曰微"，"明"正好相反，微是看不见，明是看得见，这两字搁一块儿，等于说"看不见的清晰"。

"柔弱胜强"，是四字句对四字句，今本作"柔弱胜刚强"，柔对刚，弱对强，加个刚字好像有道理，但古人写文章，不一定这么讲究。

"鱼不可脱于渊，邦有利器，不可以示人"，政治家离不开法、术、势，就像鱼儿离不开水。法是阳谋，术、势是阴谋。法所以御下，是给人看的，除外，术、势是藏起来的。后面这两样，是看不见的手。

这段话，怎么断句，要参考押韵。前八句，都是之字结尾，为第一层（之部韵）；后面两句，明、强押阳部韵，为第二层；最后三句，渊、人为真部，器为质部，质、真对转。每一句都押韵。

1　《〈老子〉徽文》，93页；高书，417—419页。

第三十七章 （今本第三十七章）

道恒无名，侯王若能守之，万物将自化。化而欲作，吾将镇之以无名之朴。镇之以无名之朴，夫将不欲。不欲以静，天下将自正。

【大义】

这是讲统治术。《老子》的统治术是根据道。道是什么？是顺其自然。作者说，道是一种"无名之朴"，就像木材未经加工，还不知道是什么家具叫什么名。侯王如果能遵守它的原则，万物就会自然生长。万物自然生长，会刺激人的贪欲，人太贪心，就要用这个"无名之朴"去节制它、控制它，不让它发展起来。欲望没了，人就会消停，人消停了，天下的事情就会恢复正常。（发展不如不发展）

【讨论】

前面说过，《老子》上下篇有两种顺序。一种是道前德后，一种是德前道后。此篇是《道经》的最后一篇。今本《道德经》是道前德后，此章为上篇的最后一章。马王堆本是德前道后，此章是下篇最后一章。马王堆本，《道经》部分，乙本有字数统计，是2426字，甲本缺字数统计，估计与此接近。

"道恒无名，侯王若能守之，万物将自化"，这是讲守道无为，令万物自化，而坐观其成的不干预政策。"道恒无名"，道本来没有名。同样的话也见于第32章。今本添字，作"道常无为而无不为"，并非本来面貌。

"化而欲作"，道散则万物化生，万物化生，才有人欲产生。

"吾将镇之以无名之朴"，道是没有名的，就像打家具的木材，没有打成家具之前，你不知道它该叫什么；打成家具，才有家具的名称。《老子》把这种未经加工的木材叫"无名之朴"，用它指道。这段话是说，万物自化后，人欲横流，还要用不发展的道理在上面镇着压着，不要让人欲失去控制。"无名之朴"，今本重文。

"夫将不欲"，"欲"，原作"辱"，这里读为欲。简本作"夫亦将知足"，和各本都不一样。河本、想本作"亦将不欲"，王本作"夫亦将无欲"，傅本作"夫亦将不欲"。

"不欲以静，天下将自正"，人欲得到控制，不再浮躁，天下就会返朴归真，一切又恢复正常。"欲"，原作"辱"，这里也读为欲。"正"，傅本作"正"，河本、王本作"定"，字相通，想本误为"止"。

下篇　德经部分

第三十八章 （今本第三十八章）

上德不德，是以有德；下德不失德，是以无德。上德无为而无以为也，上仁为之而无以为也，上义为之而有以为也，上礼为之而莫之应也，则攘臂而扔之。故失道而后德，失德而后仁，失仁而后义，失义而后礼。夫礼者，忠信之薄也，而乱之首也。前识者，道之华也，而愚之首也。是以大丈夫居其厚而不居其薄，居其实〔而〕不居其华。故去彼取此。

【大义】

《老子》超越孔子，不是跟孔子对着干，说仁、义、礼都是坏东西，而是把道、德摆在这三样之前，把它们比下去。它说，最好的德，是不求有得，所以有得；最坏的德，是唯恐有失，所以无得。最好的德和最好的仁、义、礼相比，它们的最大不同是：最好的德，彻底无为，行动无为，思想也无为；最好的仁，思想无为，行动有为；最好的义，彻底有为，思想有为，行动也有为；最好的礼，是不管人家愿意不愿意，非强迫别人做。德是根据道，最符合自然，最没强制性。道不行，才讲德；德不行，才讲仁；仁不行，才讲义；义不行，才讲礼。礼，是最无忠信的东西，为混乱之祸首。超前意识，是道的表象，华而不实，也是愚蠢之极。真正的男人，即大丈夫，是不相信礼，也不讲什么超前意识的。

马王堆本是以《德经》居前，《道经》居后，和今本不一样，但它们都以此章为《德经》第一章。《韩非子·解老》，一上来就是讨论这一章，篇幅很长。可见战国末年的法家，他们最重这一章。（道、德高于仁、义、礼）

【讨论】

"上德不德，是以有德；下德不失德，是以无德"，"上德"是最好的德，"下德"是最坏的德。"德"可读为得，这里是双关语。作者认为，"上德"无欲无求，所以有得，"下德"唯恐有失，所以无得。

"上德无为而无以为也"，"为"是人为去做，"以为"是刻意为之。人为去做是行为不自然，刻意为之是心里很虚伪。伪和为直接有关。楚简"伪"字，都是从心从为，伪的本义就是人为。关于"以"字的用法，请看第61章"大邦以下小邦，则取小邦；小邦以下大邦，则取于大邦。故或下以取，或下而取"，"以取"指大邦取小邦，"而取"指小邦取于大邦，一个是取人，一个是被人取。前者是主动，后者是被动。帛书本的意思是，上德是采取彻底无为的态度，不干也不想干，行为、动机都无为。此句至关重要，关系到《老子》最核心的思想。河本、王本同帛书本，严本、傅本作"上德无为而无不为"。高明认为，严本、傅本是后人有意窜改，这一改动来自《韩非子》。他说，《韩非子·解老》有"故曰上德无为而无不为也"一语，这是韩非的发挥，和原文无关，《老子》一书本无"无为而无不为"的说法，今本有这种话，是战国法家的思想，已偏离《老子》的思想。[1]这里，我们要注意，原书的叙述是层层递进，取法乎上，而依次降低标准，很有顺序。"无为而无以为"最上，"为之而无以为"其次，"为之而有以为"又其次，"为之而莫之应"最下。从文理考虑，"无为而无以为"，要比"无为而无不为"更好。高先生的说法似乎很有道理。但值得注意的是，"无为而无不为"，除见于今本这一章，还见于今本的第48章。第48章的"无为而无不为"，帛书本残缺，今本，除严本作"〔无为〕而无以为"，各本皆作"无为而无不为"。高明是据严本补句。[2]但郭店楚简本发现后，令人惊异的是，它的这一句，是作"无为而无不为"，可见这种说法，早在韩非之前就有。虽然这两章，简本只有第48章，无第38章；

1　高书，3—4页、421—425页。他的书，是《德经》在前，对第38章的讨论是第37章的前面。

2　高书，54—57页。

帛书本只有第38章，第48章残缺，各有一句不知道，但今本第38章，河本、王本作"无为而无以为"，严本、傅本作"无为而无不为"；第48章，河本、王本、傅本作"无为而无不为"，严本作"〔无为〕而无以为"，也是两种写法都存在。这里有两种可能，一种可能是两处说法一致，要么都作"无为而无以为"，要么都作"无为而无不为"；一种可能是两处说法不一致，要么先"无为而无不为"、后"无为而无以为"，要么先"无为而无以为"、后"无为而无不为"。简本可能属于第一种说法的后一种或第二种说法的后一种；帛书本，可能属于第一种说法的前一种或第二种说法的前一种；今本，只有傅本，两处都作"无为而无不为"，其他各本，两处都不一样，河本、王本是先"无为而无以为"而后"无为而无不为"，严本是先"无为而无不为"而后"无为而无以为"。《老子》提倡无为，到底是彻底无为，不为也不想为，还是心里不求有为，但实际上却无所不为，耐人寻味。《老子》后学分两派，一派以庄子为代表，强调"无为而无以为"，是狭义的道家；一派以韩非为代表，强调"无为而无不为"，是狭义的法家。这两派，各执一端。"无为而无不为"，是以退为进，强调进；"无为而无以为"，是不求进取，强调退。秦朝繁刑苛法，强调无不为，有为掩盖无为，走向反面，这是发挥法家的倾向；汉朝无为而治，力矫其过，是以退为进，反过来，再强调它的另一面，法家臭了，就打黄老的旗号，发挥道家的倾向。这是道法家的两副不同面孔。我的看法是，"无为而无以为"和"无为而无不为"，看似矛盾，其实不矛盾。两者都是《老子》的思想，并非韩非窜改。这句的下面，今本还有一句，"下德为之而有以为"（傅本作"下德为之而无以为"），这是为了呼应上文硬加上去的，其实，下文的"上仁""上义""上礼"就是"下德"，没有必要加这一句。

"上仁为之而无以为也"，"上仁"是最好的仁。最好的仁，属于下德。上德和下德的基本区别是，上德无为，下德有为。上仁和上德的共同点是"无以为"，不想干；不同点是上德"无为"而上仁"为之"，心里不想干，可还是干了，实际上干了。仁是孔子最重要的道德概念，儒家最爱讲。什么是仁？孔子说，"仁"就是"爱人"（《论语·颜渊》12.22）。他说过，"泛爱众而亲仁"（《论语·学而》1.6），似乎很博爱。但孔子的爱，绝非洒向人间都是爱，而是有等级有区别的爱。爱有差等，君子和小人，君子和民众，完全不一样。墨子反孔子，提倡兼爱，就是颠覆他的仁。《老子》反对孔子，不这么反。他强调的是，德应遵循自然。遵循自然的德才是上德，不遵循自然的德都是下德。我们都知道，孔子的特点是，"知其不可而为之"（《论语·宪问》14.38），明明办不成，还一定要干，这就是反自然。他明明知道什么是好什么是坏，跟统治者讲道理全是白费劲儿，但还要去劝说他们。这不是自己跟自己找别扭吗？《老子》说，这样的德不行，不能算上德。

"上义为之而有以为也"，"上义"是最好的义。最好的义，也属于下德。上义和上仁的共同点也是"为之"，同样属于有为；不同点是上仁"无以为也"而上义"有以为也"，它比上仁更多人为，更反自然。义者宜也，它是心安理得地干，自己强迫自己干。义也是孔子提倡的德。作者认为，这样的德更不行，也是下德。

"上礼为之而莫之应也，则攘臂而扔之"，"上礼"是最好的礼，礼是道德的延伸，用以约束人的行为，比仁、义更多强制性。上礼约束人，人家不理这一套，干脆生拉硬拽，强人就己，不听也得听。作者认为，上礼最多人为，最反自然，比上仁、上义更糟糕。"攘臂"是伸胳膊，捋袖子；"扔"是引的意思。礼也是孔子所重，老子更反对。战国晚期，讲道德，不吃香，大家看重制度，法家开始走红。法家有两个来源，一是儒家，二是道家。比如三晋法家，出自子夏。商鞅传李悝《法经》于秦，是出自这一系。荀卿是赵人，大讲礼法，也是援法释礼，扩大礼的概念。当时，儒家讲礼有这一路。道家不一样，他们讲礼，礼是礼，法是法，不用绕着走。他们的法，可以直接从道中开出，法是来源于道，来源于自然秩序，用不着借助礼的概念，所以对礼持批判态度。韩非兼习儒道，折中礼法，最后归宿是法。这是儒道两家的殊途同归（当然后来又分道扬镳）。

"前识者，道之华也，而愚之首也"，"前识"是先见之明，现在叫超前意识。上面讲的上仁、上义、上礼，本来都是滞后的东西，因为没秩序，不得已，才大讲而特讲，但糟糕的是，讲到秩序之前了，就成了超前意识。大家都说，诸葛亮能掐会算，"三年早知道"（有个电影叫这个名字），最聪明；"事后诸葛亮"，不聪明。但《老子》不同，认为这是人为的东西，华而不实。"华"，参看下文，是对"实"而言。华即花，花好看，但好花不常开，开一阵儿就败了。实是果实，光开花，不结果，叫华而不实。《老子》认为，先见之明是华而不实，这种聪明，其实最愚蠢。

"是以大丈夫居其厚而不居其薄，居其实〔而〕不居其华"，"大丈夫"，是战国的时髦话。什么叫"大丈夫"？《孟子》的定义是"富贵不能淫，贫贱不能移，威武不能屈"（《滕文公下》），《文子》的定义是"内强而外明"（《精诚》），《韩非子》解释《老子》，说《老子》的"大丈夫"是聪明人，"谓其智之大也"（《解老》）。这段话，下句脱"而"字，是据乙本补。这里，何谓"厚""薄"？何谓"华""实"？值得推敲。我理解，"厚"是上德，"薄"是下德，下德就是上仁、上义、上礼。"实"是放弃"前识"。"华"是"前识"。"薄"，乙本作"泊"，楚简的薄字，经常这么写。

"去彼取此"，见第12、74章。

这几句话，很有意思。我的经历告诉我，道德和秩序，秩序更重要。天下无道，就是天下大乱，秩序大乱。道德很实际，也很脆弱，秩序一乱，马上垮台。

《老子》讲道德，是讲符合自然的道德，不是人为的道德。作者认为，无为则真，有为则假。伪和为直接有关。彻底无为，不宣传，不提倡，心里无为，实际上也无为，才能杜绝伪善，提倡真诚。当时的社会，运转不灵，主要问题是失德背道，不讲无为。道德解体，是个三部曲，德不灵，才讲仁，劝人积德行善；仁不灵，才讲义，劝人勿行不义；义不灵，才讲礼，强迫大家非礼勿。礼是最后一招，下下策。他对礼，批评最厉害，"夫礼者，忠信之薄也，而乱之首也"。这些批评针对谁？我看是孔子。

我相信，生活中，真正有道德的人，都不会讲道德；满嘴仁义道德、礼义廉耻的人，一般都很缺德。我理解，真正的爱是发自内心近乎本能的爱。忠诚也是这样。研究动物行为学的专家告诉我们，人的忠诚，比不了狗，原因就在，它们的忠诚是发自本能。它们不会讲道德，也不知道德为何物，更不会为道德感动。

道家的流裔法家，很坦白。他们懂得，人性深处是生物本能，饿了要吃，渴了要喝，困了要睡，挡也挡不住。这种东西可以发展为贪财好色、怕苦怕死，好像全是缺点和弱点，但用于治术，正是动力所在。这是以人性为工具。当然不好听，但很实在。

我相信，压抑人性，压抑本能，才是不道德。上德，就是合乎人性的道德。合乎人性的道德，最能打动人。真正令别人感动的人，自己往往不感动。我在有些农村妇女的身上看见过这种东西。自作多情，自我感动，都是置身事外，没有受过苦、遭过难、见过生离死别大场面的人。这种人，以阅世不多的知识分子居多。他们的文学渲染，很多都是酸菜坛子。

感动别人，而自己无所动心，也不知感动为何物的人，是在一个很高的境界。

【补记】

"上德无为而无以为也"，傅本下文作"下德为之而无以为"，北大本同傅本，说明西汉已有这种文本。[1]

1　《北京大学藏西汉竹书》贰，123页。

第三十九章 （今本第三十九章）

昔之得一者，天得一以清，地得一以宁，神得一以灵，谷得一以盈，侯王得一而以为天下正。其致之也，谓天毋以清将恐裂，谓地毋以宁将恐废，谓神毋以灵将恐歇，谓谷毋以盈将恐竭，谓侯王毋以贵以高将恐蹶。故必贵而以贱为本，必高矣而以下为基。夫是以侯王自谓孤、寡、不榖。此其贱之本欤？非也。故致数誉无誉。是故不欲琭琭若玉，硌硌若石。

【大义】

《老子》以"一"喻道，说"天""地""神"（鬼神）、"谷"（一切空虚的东西）、"侯王"，什么都离不开"一"。比如"侯王得一而以为天下正"，唯我独尊，为天下主宰，就是天下的"一"。但作者说，高贵必以低贱为本，侯王自称"孤、寡、不榖"，就是以低贱为本。它说，追求过多的名誉，就等于没有名誉，与其高贵如玉，不如低贱如石。（*玉不如石*）

【讨论】

"一"，指道。

"谷得一以盈"，谷是空虚之处。此下，河本、王本和傅本多出"万物得一以生"，但严本没有这句。

"正"，河本、严本同，傅本、王本作"贞"，为通假字。

"其致之也"，是表示结果。乙本脱"之"字。

下面的五句话，"毋"，今本作"无"。

"谓谷毋以盈将恐竭"，此句下，河本、王本、傅本多出"万物无以生将恐灭"，但严本没有这句。

"故必贵而以贱为本，必高矣而以下为基"，古书引用，往往把"必"字放在"贵""高"下，如《战国策·齐策四》《淮南子》的《道应》《原道》、《文子·道原》，今本往往无"必"字，但河本有之，也是放在"贵""高"下。

"孤、寡、不榖"，孤、寡是孤零零一个人，光棍一条，不榖是不善（或说没人养）。这些都是古代君王的谦辞，西周金文，周王常称"余一人"，春秋战国，则称孤家寡人。我们要注意，这种谦虚，后面掩盖的是绝对权力。"余一人"是权力中心，就像太一，高居宇宙的中心，孤立是孤立，权力大得不得了。

"此其贱之本欤？非也"，意思是贵为贱的本吗，答案是相反。后两句，傅本作"是其以贱为本也？非也"，加了"以"字，河本、王本作"此非以贱为本邪，非也"，还加了否定词。

"故致数誉无誉"，追求过多的荣誉，等于没有荣誉。

"是故不欲琭琭若玉"，"琭琭"，音lùlù，是玉的样子。此句是说不欲高贵如玉。

"硌硌若石"，"硌硌"音luòluò，是石的样子。此句是说宁愿低贱如石。

第四十章　（今本第四十一章）

　　上士闻道，勤能行之。中士闻道，若存若亡。下士闻道，大笑之。弗笑，不足以为道。是以建言有之曰：明道如昧，进道如退，夷道如类。上德如谷，大白如辱，广德如不足，建德如〔偷〕，质真如渝。大方无隅，大器晚成，大音希声，大象无形。道褒无名。夫唯道，善始且善成。

【大义】

　　《老子》说话，总是"正言若反"（第80章），非凡夫俗子所能理解。比如同样是"闻道"，聪明人会遵道勤行，普通人会若依若违，傻子会加以嘲笑。傻子不嘲笑，它也就不叫道了。真正的道，好像相反的东西，看见好像看不见，前进好像后退，平坦好像崎岖。真正的德也如此，总是虚怀若谷，清白好像有污点，有余好像不足，勤奋好像怠惰，不变好像多变。大方无角，大器晚成，大音听不见，大象看不到。道总是藏而不露，不为人知，但只有道，才是善始善终的东西。（闻道）

【讨论】

"上士闻道，勤能行之。中士闻道，若存若亡。下士闻道，大笑之"，作者认为，上士闻道，遵道而行，最好；中士闻道，若依若违，次之；下士闻道，大加嘲笑，最不像话。"勤能行道"，简本作"仅能行于其中"，帛书甲本缺，乙本作"堇能行之"，今本作"勤而行之"。

"弗笑，不足以为道"，是说如果下士不嘲笑，道也就不叫道了。

"建言"，应是成语，或以为书名。

"明道如費"，乙本作"费"，整理者以为是"費"字之误。費音fèi，是目不明，和"明"相反。

"夷道如类"，"夷"是平坦，"类"通戾，和"夷"相反，是表示不平坦。"类"，简本作"缋"，为通假字，王本作"颣"，是异体字。

"上德如谷"，谷是虚空之义。

"大白如辱"，"辱"同黥，音rǔ，是黑垢。

"广德如不足"，"德"是双关语，犹言广得如不足。"广德"类似"玄德"（第10、51、65章）、"孔德"（第21章）、"恒德"（第28章）、"建德"（第40章）。

"建德如偷"，"建"同健，指勤奋有为；"偷"，简本、帛书本缺；河本作"揄"，为通假字；傅本作"媮"，字同偷；严本、王本作"偷"，是怠惰的意思。

"质真如渝"，"质真"是不变，"渝"是变，简本作"愉"，为通假字。

　　"大方无隅"，方形有四个角，大方却没有这些角。

　　"大器晚成"，"大器"，古书多见，是指贵重的器物。这种器物，制造起来，必然费工费时，故曰大器晚成。"晚"，简本作"曼（慢）"，读音相同，意思也差不多。

　　"大音希声"，第14章："听之而弗闻，名之曰希。""希"是稀少的意思。

　　"褒"，掩藏，今本作"隐"，是通俗化。第32、37章有"道恒无名"，意思差不多。

　　"善始且善成"，"始"，今本作"贷"，为通假字，旧注以为施与之义，明显不如古本。

第四十一章 （今本第四十章）

反也者，道之动也。弱也者，道之用也。天下之物生
于有，有生于无。

【大义】

《老子》喜欢讲一正一反。一正一反，才有运动，但
矛盾双方，它总是取弱势立场。"天下之物生于有，有生于
无"，"无"就是道。(无反不动，必弱之用)

【讨论】

此章有简本。

"反也者，道之动也"，简本"反"作"返"，两种读
法，"反"更好。郭店楚简《太一生水》有所谓"反辅"。相
反相成是道的动力。读返，意思不一样，是走向反面，又转
回去了。

"弱也者，道之用也"，《老子》贵柔贵弱，在矛盾的两
个方面里，总是站在弱势的一方。

"天下之物生于有，有生于无"，《老子》主张无中生

有。道生天地，天地生万物，道是虚无，天地万物是实有，有生于无。"之物"，简本、傅本同，河本、王本作"万物"。最后一句，简本脱"有"字。

第四十二章 （今本第四十二章）

　　道生一，一生二，二生三，三生万物。万物负阴而抱阳，冲气以为和。天下之所恶，唯孤、寡、不穀，而王公以自名也。物或损之而益，益之而损。故人之所教，亦我而教人。故强梁者不得其死，我将以为学父。

【大义】

　　这段话分两部分。前一部分，"道生一"至"冲气以为和"是讲道，即道生天地、天地生万物的过程。这是《老子》的宇宙论。后一部分，"天下之所恶"至"我将以为学父"是讲德，即古人说"强梁者不得其死"的道理。这是老子的处世哲学。（*争强好胜，不得好死*）

【讨论】

　　"道生一"，"一"是太一。古代的太一分两种，一种是终极的太一，即道。一种是道的派生物，即作为三一之一的太一。既然这里说"道生一"，可见这里的"一"还不是作为道的太一，而是次一级的太一。

"一生二，二生三"，古有三才说、三一说、三官说，都有一、二、三的关系。三才是天、地、人，三一是太一星下面的三颗星：天一、地一、太一（次级的太一），三官是道教讲的天官、地官、水官。八主祠，与三才相当是天主、地主、兵主。郭店楚简《太一生水》的宇宙模式，类似三官说，是由天、地、水构成，水是相当次级的太一，它们和太一的关系是太一生水，再生天，再生地，水在天地之前。"三皇五帝"的"三皇"就是从三才、三一衍生。古代创世说，或主于气，或主于水，《太一生水》是主于水。现在，地球人乘宇宙飞船到外星探测生命，条件之一就是水。当然，气也很重要。

"三生万物"，是说天、地、水一类东西生出万物。

"万物负阴而抱阳"，万物包裹在阴阳二气中。"负阴"是背靠阴，抱阳是面抱阳。中国古代，讲究背北面南，或前左为阳，右背为阴，就是属于负阴抱阳。《淮南子·精神》"背阴而抱阳"，"背"是通假字。背、倍、负，古书经常通假。

"冲气以为和"，是说阴阳二气互相调和。《老子》提到气，还有第10、55章。

"天下之所恶，唯孤、寡、不穀，而王公以自名也"，参看上第39章。"王公"，类似前面提到的"侯王"（第32、37、39章），河本、王本作"王公"，傅本作"王侯"。古代的天下共主叫王（也有蛮夷君长自称为王的例子），内服王臣之最尊者叫公，外服封建的军事首长叫侯。

"故人之所教，亦我而教人"，有两种读法，一种不破读，意思是，所以人家教我的东西，也就是我用来教人的东西；[1]一种是把"故"读为"古"，意思是，这是古人教给我的东西，也是我用来教人的东西。[2]这段话，乙本完全残去。河本、王本作"人之所教，我亦教之"，严本作"人之所教，亦我教之"，傅本作"人之所以教我，亦我所以教人"，都没有"故"或"古"字。我认为，这里无论有没有"故"字，也无论怎么读这个字，前面的"人"都应指古人，后面的"人"都应指今人。如果理解为别人教我什么，我也拿什么教别人，好像没什么意思。

"故强梁者不得其死"，即上文"故人之所教，亦我而教人"的话。《说苑·敬慎》引《金人铭》有"强梁者不得其死，好胜者必遇其敌"等语（又见《孔子家语·观周》引），就是此语的出处。[3]孔子说子路"不得其死然"（《论语·先进》11.13），南公适说羿、奡"不得其死然"（《论语·宪问》14.5），都是批评他们太好强。这些话当是古语。

"学父"，今本作"教父"。学父即教父，是提供教诲、

1　郑良树《老子新校》，196—198页。

2　高书，33—34页。

3　郑良树《〈金人铭〉与〈老子〉》，收入他的《诸子著作年代考》，12—20页。

可供学习的人，不是西人所谓godfather。古文字，教、学同源，如同闻、问。《说文·攴部》，教、斅并列：教，许慎以效释教，小篆从爻从子，古文有两种写法，一种从爻从子，加心旁，一种从爻和攴旁；斅即学，许慎以觉释斅，小篆作学。教字从孝，是后起。

第四十三章 （今本第四十三章）

天下之至柔，驰骋于天下之至坚。无有入于无间。吾是以知无为之有益也。不言之教，无为之益，天下希能及之矣。

【大义】

不言胜有言，无为胜有为，就像最软的东西可以穿透最硬的东西，最虚的东西可以插入最实的东西。（无为之益）

【讨论】

"天下之至柔，驰骋于天下之至坚"，《老子》喜欢讲以柔克刚，"至柔"是最软，"至坚"是最硬。水性至柔，可以穿石，就是属于以柔克刚。参看第80章："天下莫柔弱于水，而攻坚强者，莫之能胜也，以其无以易之也。水之胜刚，弱之胜强，天下莫弗知也，而莫能行也。"古书说，老子还有一个比喻，是牙齿和舌头。牙齿硬，舌头软，人老了，牙齿掉了，舌头还在。如《说苑·敬慎》载叔向答韩平子问，就是用舌齿之喻解释这段话（参看附录一）。

"无有入于无间"，"无有"是虚，"无间"是实。兵家讲避实击虚，以实击虚，是以石头砸鸡蛋作比喻（《孙子·势》)，《老子》相反，讲虚亦可入于实。比如风和气，都属于"无有"，但它们无孔不入，再实再密，只要有缝隙，就会钻进来。这句话，河本、严本、王本作"无有入无间"，同《淮南子·道应》引；傅本作"出于无有，入于无间"，同《淮南子·原道》引，各有所据。

"天下希能及之矣"，今本删"能"字。

第四十四章 （今本第四十四章）

名与身孰亲？身与货孰多？得与亡孰病？甚爱必大费，多藏必厚亡。故知足不辱，知止不殆，可以长久。

【大义】

名声和身体，哪个跟你关系更密切？当然是身体。身体和金钱，哪个对你更重要？当然是身体。得到和失去，哪个让你更头疼？当然是得到。人，越喜欢什么，就越是会在什么东西上乱花钱；越想积聚什么，什么东西就散亡得越快。懂得满足，才能免遭破产，不致太丢脸。懂得收敛，才能守得住财，长盛不衰，保持长久。（知足常乐）

【讨论】

此章有简本。

"身与货孰多"，"多"不是指这两个方面谁多谁少，而是指哪一方面更重要。

"得与亡孰病"，简本作"货与亡孰病"，整理者读"得与亡孰病"。

"多藏必厚亡"，简本作"厚藏必多亡"。

"殆"，亦竭之义。

第四十五章 （今本第四十五章）

大成若缺，其用不敝。大盈若盅，其用不穷。大直如诎，大巧如拙，大赢如绌。躁胜寒，静胜热，清静可以为天下正。

【大义】

最完整的东西好像很不完整，有所缺失；最充实的东西好像永远装不满，十分空虚。它们的用处，真是无穷无尽。最笔直的，好像是弯的。最灵巧的，好像是笨的。最有余的，好像是不足。《老子》讲话，总是这样"正言若反"（第80章）。治天下，本来很累人，紧着操心都操不过来，但它却说，"清静可以为天下正"，统治者越是清静无为，天下越安生。作者打比方说，这就像冬天太冷，蹦蹦跳跳，活动腿脚，可以御寒；但夏天太热，只有减少户外活动，不急不躁，才能解暑。俗话说，心静自然凉。（*清静可以治天下*）

【讨论】

此章有简本。

"大成若缺，其用不敝"，"成"与"缺"相反，是完整、完美。"敝"有衰败、凋残之义，与下文"穷"字相近。

"大盈若盅"，"盈"，是满盈，傅本避汉惠帝讳作"满"。"盅"是空虚，与"盈"相反。

"大直如诎，大巧如拙，大赢如绌"，这三句，简本作"大巧若拙，大成若诎，大直若屈"，顺序不一样。"大赢如绌"，简本作"大成若诎"，似袭上文而误。"大巧如拙"下，今本多出"大辩若讷"。"诎"音qū，同屈，与"直"相反。"巧"与"拙"相反。"赢"是多余，"绌"音chù，是不足，两者也相反。楚帛书有"绖（赢）绌不得其常"，古书还有"赢缩"，是同义词。

"躁胜寒，静胜热"，"躁"，简本作"燥"，是通假字，从文义看，还是读躁更好。"躁"是多动的意思，与"静"相反。"寒"，简本作"苍"。楚文字，寒与苍、仓写法相近，每每混用。"寒"与"热"也相反。

"正"，是主宰之义。

这几句中的"若"和"如"字，帛书本不统一，简本、今本都是统一的，统一起来更好。

第四十六章 （今本第四十六章）

天下有道，却走马以粪；天下无道，戎马生于郊。罪莫大于可欲，祸莫大于不知足，咎莫憯于欲得。故知足之足，恒足矣。

【大义】

这里再次批评战争。作者说，天下有道，马放南山；天下无道，才从四郊征发战马。人类的罪恶、灾难和不幸，都是因为贪得无厌。从知足中获得满足，才是最大的满足。

（知足才是足）

【讨论】

此章有简本，缺前四句。

"天下有道""天下无道"，天下有道，莫过于和平；天下无道，莫过于战争。

"却走马以粪"，是把能跑的马放走，不再用于战争，即俗话说"刀枪入库，马放南山"的"马放南山"。"粪"，作为名词，指弃物，如垃圾、粪便；作为动词，指弃除或粪田，这里指弃除。古代道教有"却走马"一词，就是借用《老子》的话作房中术语，如葛洪论房中之效，说"夫阴阳之术，高可以治小疾，次可以免虚耗而已。……善其术者，则能却走马以补脑，还阴丹以朱肠，采玉液于金池，引三五于华梁，令人老有美色，终其所禀之天年"（《抱朴子·微旨》）。"却走马以补脑"，是止精不泻、还精补脑的意思。

"戎马生于郊"，戎马是驾战车的马。古代，齐鲁等国征军赋，有所谓"匹马丘牛"（《司马法》佚文），"匹马丘牛"是从丘一级（古代居民组织的一级）征上来的。

"罪莫大于可欲"，简本作"罪莫至乎甚欲"，整理者以为第三字是"厚"字，其实这个字相当于"冢"字，应读为重，我把它改读为"罪莫重乎贪欲"。"甚"，楚文字的写法与"可"字相近，容易混淆。

"咎莫憯于欲得"，"憯"，音 cǎn，同惨，是痛的意思。《韩非子》的《解老》《喻老》和傅本同。简本作"咎莫僉乎欲得"，我怀疑是读为"咎莫险乎欲得"。

"故知足之足，恒足矣"，从知足中获得的满足，才是永恒的满足。

这里为什么要把话题落在"知足"上？答案是，战争起于贪欲，和平赖于知足。

第四十七章 （今本第四十七章）

不出于户，以知天下。不窥于牖，以知天道。其出也弥远，其知弥少。是以圣人不行而知，不见而明，弗为而成。

【大义】

《老子》论知，强调不出门，知天下。它认为，路跑得越远，知道得越少。圣人"不行而知，不见而明"，也是属于无为。（*不出门，知天下*）

【讨论】

"不出于户，以知天下。不窥于牖，以知天道"，"户"是门户，门、户都是象形字，门像两扇门，户像一扇门；"知天下"是知地上的事；"牖"音yǒu，是窗户；"知天道"是知天上的事。本来，照理说，要想了解地上的事，就得出门旅行，进行调查；要想了解天上的事，就得打开窗户，仰望星空，观察天道运行的规律。但《老子》故意说，不出门，也不打开窗户，照样可以知道这些事。俗话说，"秀才不出门，焉知天下事"，这是一种说法。另一种说法，是"秀才不出门，便知天下事"，正好相反。《老子》属于后一种。人，自个儿把自个儿关家里，怎么知道外边的事？这事搁现在，不新鲜，我们有报纸、电视和网络，但在古代，很奇怪。我理解，作者强调的是，与其道听途说，不如坐而悟道。"以知"，河本、王本删"以"字，傅本反而添字，作"可以知"。

"其出也弥远，其知弥少"，顾炎武主张"行万里路"，地理学家、博物学家、考古学家和旅行家都是要走万里路的。政治家也少不了畅游大江南北。知识分子，经常蹲在家里，闭门造车。如李敖就主张卧游，在书本里旅游。其实出门有出门的道理，不出门也有不出门的道理。读万卷书，主要就是在屋里读。思考，也是在自家的庭院或花园里遛弯儿就够了。古代世界，很多大智慧，都是躲起来悟道，不是坐在树下，就是钻在山洞里，还有对着墙壁发呆的，除了化缘讨吃喝，或取经传教，根本不出门。不但不出门，连书都不读。《老子》也认为，悟道不需要出门。

"是以圣人不行而知，不见而明，弗为而成"，"不行而知"，这是对上文的总结。"不行而知"就是"不出于户，以知天下"；"不见而明"就是"不窥于牖，以知天道"。"明"，甲本缺，乙本和今本都作"名"。明、名二字，古书常通假，《韩非子·喻老》引作"明"，第23章有"不自见故明"，第52章有"见小曰明"，可见应以读"明"为是。"弗为而成"，和前两句不同，用"弗"不用"不"，今本作"不"。

第四十八章 （今本第四十八章）

为学者日益，闻道者日损，损之又损，以至于无为。无为而无不为。取天下也，恒无事；及其有事也，不足以取天下。

【大义】

此章和上一章，文义相承。求知，总是越学越多；悟道，总是越悟越少。在求知的问题上，《老子》也强调无为。（为学日益，闻道日损）

【讨论】

此章有简本，缺最后四句。

"为学者日益，闻道者日损"，今本删"者"字。"为学"是学习知识，"闻道"是琢磨道理。学习知识，总是越来越多；琢磨道理，总是越来越少，这是很深刻的体会。专业化的知识分子，本事大，主要是看谁读书多，看谁能把本来看上去很简单的事，越说越复杂。这是很了不起的本事，但本事再大，也只是一半，好像爬楼，越爬越高。另一半更重要，是把复杂的东西化简，何妨一下楼，但很多人却下不来了。我理解，通俗是很高的境界，真正的通俗，绝不是白开水、小儿科，而是深入浅出，把复杂的事情想得明明白白，也说得明明白白，这是最高境界。

"损之又损，以至于无为"，《老子》推崇道，在他看来，道是最简单的东西，追求道者必然追求简单。"损之又损"，简化到不能再简单，也就没事可干了。这最后一步，当然也就是"无为"，不想不说不动。

"无为而无不为"，帛书甲、乙二本均残缺，简本、古书引文（如《庄子·知北游》《淮南子·原道》《文子·道原》）和今本多作"无为而无不为"，只有严本作"〔无为〕而无以为"（上文作"至于无为"，"无为"应重文）。关于"无为而无以为"和"无为而无不为"的不同，请参看第38章的讨论。这两处的文本异同至关重要，道家的无为派和有为派，是各自发挥这两句中的一句，我们不要看轻了。

"无事""有事"，第57章说"以无事取天下"，"我无为而民自化，……我无事而民自富，……"，第63章说"为无为，事无事"，"无事"和"无为"有什么区别？主要在于，"为"是自作为，"事"是劳民为。

第四十九章 （今本第四十九章）

圣人恒无心，以百姓之心为心。善者善之，不善者亦善之，德善也。信者信之，不信者亦信之，德信也。圣人之在天下，歙歙焉，为天下浑心。百姓皆属耳目焉，圣人皆孩（骇）之。

【大义】

圣人以民心为己心，无所厚薄。有本事也好，没本事也好，一视同仁，所以能发挥他们的长处；可信任也罢，不可信任也罢，一视同仁，所以能得到他们的信任。圣人治天下，总是小心翼翼，以民心为己心，与民同心。百姓的眼睛都盯着他，百姓的耳朵都听着他，他不能不感到害怕。（以民心为己心）

【讨论】

"圣人恒无心，以百姓之心为心"，《老子》讲无为而治，是以民心向背为本。《六韬·文韬·文师》："天下非一人之天下也，乃天下之天下也。"

"善者善之，不善者亦善之，德善也。信者信之，不信者亦信之，德信也"，这是讲统治者对百姓的态度。"善者"，也叫"善人"。它有两种含义，一种指道德上的好人，一种指有本事有特长的人。参看第27章："故善人，善人之师；不善人，善人之资也。"这里的"善者"和第27章的"善人"，可能意思相同，主要指有本事有特长的人。今本在"善者""不善者""信者""不信者"下添"吾"字。帛书本，只有乙本保存了第二个"德"字，可知作"德"。傅本作"得"，是破读的结果。两"德"字都是得的意思。

"歙歙"，音xīxī，是惊惧害怕的意思。傅本、王本同，河本、景福碑作"怵怵"（音chùchù），严本作"惵惵"（音diédié）。《孙子·行军》有"谆谆谕谕"，也是类似意思。

"为天下浑心"，"浑"有浑融之义，这里指与民同心，即上所说"圣人恒无心，以百姓之心为心"，旧注以为浑朴之义，恐怕不是本义。

"百姓皆属耳目焉"，百姓都盯着君主，听着君主，君主的一举一动都在他们的监视之下。"属"，乙本作"注"，今本亦作"注"，皆通假字。

"圣人皆孩（骇）之"，"孩"是动词，疑读骇，指万民瞩目，为君者处于惊惧之中。旧注以为，这句话是说，圣人使民归朴，如同婴孩，恐怕不是本义。这个字，帛书本残缺，河本、王本作"孩"，严本作"骇"，傅本作"咳"。

第五十章 （今本第五十章）

出生入死。生之徒十有三，死之徒十有三，而民生生，动皆之死地之十有三。夫何故也？以其生生也。盖闻善摄生者，陵行不避兕虎，入军不被甲兵。兕无所揣其角，虎无所措其爪，兵无所容其刃。夫何故也？以其无死地焉。

【大义】

这是讲养生、护生的境界。养生、护生属于德。作者说，人活一辈子，三分之一是在生道上，三分之一是在死道上，三分之一是处于生死之间，动不动就被置于死地，原因是他太想活命。真正善于养生、护生的人，不怕野兽袭扰，不怕兵刃加害，原因是他处处都能逢凶化吉，不会被置于死地。（出生入死）

【讨论】

"出生入死"，人都是出生入死，很普通。现在，这个词的含义有变化，好像只有不怕死的先烈才当得起。

老子是不发展主义者，生命是好例子。现在，谁都说发展好，只有生命是例外，谁都叹人生苦短，生日总是越过越少。

"生之徒十有三，死之徒十有三，而民生生，动皆之死地之十有三"，"徒"，本指徒役和步兵，这里是类属之义。人生，顶多一百年，除了个别老寿星，可以超过一百岁。生，生长发育，上升期，占三分之一；死，垂老病死，衰落期，也占三分之一；生生，即从生到死的过渡期，经常是介于二者之间，动不动就会死掉，也占三分之一。"而民生生"，傅本作"而民之生生而动"，河本、王本作"人之生"。"人"是避唐太宗讳改字。

"以其生生也"，严本、王本作"以其生生之厚"，傅本作"以其生生之厚也"。《文子·九守》《淮南子·精神》"以其生生之厚"，或即所本。河本作"以其求生之厚"。

"摄生"，帛书本作"执生"，二者是通假关系。养生，古人也叫摄生、护生和卫生。它们的不同之处是，养生主于养，摄生、护生、卫生主于护卫。

"陵行不避兕虎"，"陵"与陆字形相近，今本作"陆行"，陵是山陵，陆是陆地，含义不同；"兕虎"，兕是犀牛，虎是老虎，犀牛是生活于平陆，老虎则多栖居山陵。古人把犀牛分为两种，一种是犀，体形较小，似猪；一种是兕，体形较大，似牛。动物学家说，前者是印度犀（*Rhinoceros unicornis*），后者是爪哇犀（*Rhinoceros sondaicus*）。[1]

"甲兵"，甲是铠甲，兵是戈、矛、剑、戟、弓矢。

"兕无所揣其角，虎无所措其爪，兵无所容其刃"，"揣"，可读tuān，如今语的端，训持，今本作"投"。《韩非子·解老》"兕无所投其角"，或即所本。这几句，是讲养生、护生的境界。避虎狼、避鬼魅、避兵，都属于古代的禁闭之术。参看《抱朴子》的《至理》《释滞》《登涉》。《西游记》，孙悟空化缘，给唐僧画个圈，念个咒，就属于避鬼魅、避虎狼；义和团，讲刀枪不入，则属于避兵。

人生，酸甜苦辣，五味俱全。我们是一辈子受苦，一辈子享福，还是先甜后苦，先苦后甜，还是先甜后苦又后甜，先苦后甜又后苦，可以有不同的配方。生活的机遇，实在很难预料。但《老子》说了，不管怎么活，都是出生入死。

1　郭孚等《中国古代动物学史》，北京：科学出版社，1999年，103页。

第五十一章 （今本第五十一章）

道生之而德畜之，物形之而器成之。是以万物尊道而贵德。道之尊，德之贵也，夫莫之爵而恒自然也。故道生之畜之，长之育之，亭之毒之，养之覆之。生而弗有也，为而弗恃也，长而弗宰也，此之谓玄德。

【大义】

道生万物，德养万物，故万物尊道而贵德。但道之尊，德之贵，不是表现在它们的头衔上，而是表现在它们的遵循自然上。道对万物生长的每一个环节都极尽呵护，绝不人为干预和控制其生长，这就叫"玄德"。（**玄德**）

【讨论】

"道生之而德畜之"，道生万物，德畜万物。生是创生，畜是畜养。养牲口叫畜。牲口是驯化动物（domestic animal）。与驯化动物相对，是野生动物（wild animal）。动物可以驯化，植物也可以驯化。

"物形之而器成之"，"物"是天地所生，生而赋其形叫

"形之"；器是人所制造，造而赋其形叫"成之"。"器"，今本作"势"。

"道之尊，德之贵也，夫莫之爵而恒自然也"，道生万物，德养万物，虽可尊可贵，但没有尊贵的称号，完全是靠遵循自然。"爵"，是封号或官衔。严本、傅本作"爵"，同于帛书本。河本、王本为了通俗，改成"命"。

"故道生之畜之"，上面说"道生之而德畜之"，这里没说德，但应包括德。

"长之育之"，"长"是使其生长，"育"本指养小孩，这里也是养之，使其生长。"育"字，原作"遂"。古文字，最初是以述为遂，无遂字。汉代有遂字，多用为逐字，逐是定母觉部，育是喻母觉部，这里读为育。

"亭之毒之"，是安之定之的意思。"亭"可读定，古书常用为定；"毒"与笃也是通假字，《广雅·释诂》训安。严本、王本、龙兴碑为了通俗，改成"成之熟之"。

"养之覆之"，"覆"是覆育之覆，《广雅·释诂》作"腹"，训为生，王念孙《广雅疏证》卷一下说，"覆与腹通，孳生谓之覆育，化生亦谓之覆育"。

"生而弗有也，为而弗恃也，长而弗宰也，此之谓玄德"，类似的话又见第10章，作"生之畜之，生而弗有，长而弗宰也，是谓玄德"。第65章也有"玄德"。

第五十二章 （今本第五十二章）

天下有始，以为天下母。既得其母，以知其子。既知其子，复守其母，没身不殆。塞其兑，闭其门，终生不勤。启其兑，济其事，终身不赖。见小曰明，守柔曰强。用其光，复归其明，无遗身殃，是谓袭常。

【大义】

《老子》讲生命哲学，喜欢拿妇女生孩子打比方：天下万物是孩子，妈妈是道。作者拿这个比方解释道和万物的关系。他说，天下的一切是从道开始。只有理解道这个妈妈，才能理解她的孩子，即天地万物。见物思道，守道而行，一辈子都不会有危险。闭目塞听，无所作为也好，睁眼竖耳，有所作为也好，一辈子都不会受累。洞察隐微，是靠眼睛好，借助光亮，是为看得清。只有洞察隐微，却抱柔守弱，才不会给自己留下祸殃，这是要永远坚持的原则。（*道为万物之母*）

【讨论】

此章有简本，但只有"塞其兑，闭其门，终生不勤。

启其兑，济其事，终身不逮"这几句。

"天下有始，以为天下母"，"天下母"是道，道是天下的开始。

"既得其母，以知其子"，"母"是道，"子"是天地万物。"既得其母"是既得其道，"以知其子"是根据道认识天地万物。上句，河本、龙兴碑、景福碑改成"既知其母"。

"既知其子，复守其母，没身不殆"，是说已经认识天地万物，还要由天地万物回归于道，不离于道。不离于道，故能身死而其用不竭。

"塞其兑，闭其门"，堵塞孔穴，关闭门户。这里是指绝智弃欲，闭目塞听。"兑"，俞樾《诸子平议》读为穴。同样的话，也见于第56章。

"终生不勤"，是终生不劳。"勤"，今本同，简本作"矛"，似应读为"终生不懋"。懋字的意思是勤勉，与勤同义。

"启其兑，济其事"，"启"和"闭""塞"相反，今本避汉景帝讳改字，作"开"；"济其事"，是成其事。

"终身不勑"，与上"终身不勤"互文。勑有勤劳之义，如《尔雅·释诂上》就有这种训诂。末字，简本作"逮"，帛书甲本缺，乙本作"棘"，今本作"救"。古文字，求字有两种写法，一种是裘皮之裘，即今求字；一种是祈求之求，和常见的求字不一样，写法没有传下来。其字形与来、束二字相似，极易混淆。简本"逨"是从来得声的字。帛书"棘"、今本"救"，都是逨字之误。这里根据简本补字，直接读为"勑"，今本读为"不救"，是把"启其兑，济其事"当作负面的做法。过去，大家都以为，原文是说，"塞其兑，闭其门"好，"启其兑，济其事"不好，现在看来并不对。

"见小曰明"，是察于细微。

"用其光，复归其明"，有光才看得见，但用其光，是为了看得见，还要落实到明。

"袭常"，是一贯的常，相沿相续的常，指永远坚持的原则。"袭"，傅本同，河本、王本作"习"。参看第27章"袭明"。这里的"常"，恰当韵脚，不是避汉文帝讳改字，当是本来面目。

此章，始、母、子、殆、事、逨是押之部韵，门、勤是押文部韵（文部与之部为元音相同的旁对转），明、强、光、殃、常，是押阳部韵。

第五十三章 （今本第五十三章）

使我挈有知，行于大道，唯迆是畏。大道甚夷，民甚好径。朝甚除，田甚芜，仓甚虚。服文彩，带利剑，厌饮食，资财有余。是谓盗竽，非道也哉。

【大义】

这里是以道路之道比喻道。作者说，如果我带着熟人，走在一条大道上，我最害怕的就是误入歧途，但世人总是放着平坦的大道不走，非挑小路走。其结果是，庙堂之上倒很干净，有权有势的人，吃得好，穿得好，富得不得了，但田园荒芜，仓廪空虚。这不是道，而是盗。（行道要行大道）

【讨论】

"使我挈有知，行于大道"，假如我带着熟人，走在大道上。这两句话，历来存在误解。上句，乙本作"使我介有知"，"介"是通假字。今本袭其读，作"使我介然有知"，又加了"然"字。只有严本注文作"提聪挈明"，还保留了古本原貌。[1]"挈"，音 qiè，是携带之义，本来是谓语动词，乙本作"介"，已经失其本义，今本加"然"，更使意义大变，"介然"成了修饰"有"的副词，"有"反而成了谓语动词。"介然有知"，旧注多以"知"为知识的知，"介然"是形容"我"很有知识。但携带知识上路，或非常聪明地上路，实在不成话。古代训诂，"知"往往指相知相识，或相知相识的人，不一定都是指知识的知。如《史记·李将军列传》，"余睹李将军悛悛如鄙人，口不能道辞。及死之日，天下知与不知，皆为尽哀"，"知"就是指认识自己、熟悉自己的人，"不知"就是不认识、不熟悉自己的人。我认为，与熟人同行，才文通字顺。"行于大道"，是走在大路上。注意，这里是以道路之道比喻哲学意义上的道。

"唯迤是畏"，唯恐误入歧途，走到邪路上去。"迤"，音 yǐ，是邪路或曲径，甲本"唯"下缺三字，乙本作"他"，今本作"施"，王念孙读迤，以为邪道。迤，许慎训袤行（《说文·辵部》）。

"大道甚夷，民甚好径"，大道很平坦，但老百姓老是放着大道不走，专找捷径。"径"是步行的小道。甲本作"解"，乙本、今本作"径"，解是见母支部字，径是见母耕部字，乃阴阳对转的通假字。《论语·雍也》6.14："有澹

1　高书，79—80页。

台灭明者，行不由径，非公事，未尝至于偃之室也。"古代对走路有规定，不能放着大道不走，随便走小路。如《周礼·秋官》有野庐氏"掌道禁"，"禁野之横行径踰者"，宋程大昌《考古编》卷九、清惠士奇《礼说》卷一二对此有考证。

"朝甚除，田甚芜，仓甚虚"，庙堂很干净，但田野很荒芜，仓廪很空虚。或说，除读涂，正好相反，是脏乱。仓是方形的粮仓。仓与囷（音qūn）不同，囷是圆仓。仓与廪也不同，仓是放未脱壳的谷，廪是放脱过壳的米。仓囷的模型，考古多有之，仓少而囷多。

"服文彩，带利剑，厌饮食，资财有余"，穿漂亮衣服，佩锋利刀剑，大吃二喝，钱财有余。"厌"同餍，是足食之义。

"盗竽"，含义不太清楚，还有待研究。"竽"，甲本残缺，乙本左从木，右半缺，整理者疑为扜（音yū），读为盗竽。《韩非子·解老》作"盗竽"。他说，"竽也者，五声之长者也"，学者多以为，"盗竽"就是盗魁、盗首、强盗头子。"盗竽"，今本作"盗夸"，"竽"和"夸"通假。

第五十四章 （今本第五十四章）

善建者不拔，善抱者不脱，子孙祭祀不绝。修之身，其德乃真；修之家，其德有余；修之乡，其德乃长；修之国，其德乃丰；修之天下，其德乃溥。以身观身，以家观家，以乡观乡，以邦观邦，以天下观天下。吾何以知天下之然哉？以此。

【大义】

《老子》说，一个国家，要想长治久安，维持其统治，子子孙孙，祭祀不绝，一定要知道它是怎么构成的，就像善于树立的人，他树起的东西，拔也拔不掉，善于抱持的人，他抱紧的东西，挣也挣不脱。

国家的基础是什么？《老子》说，是个人。它是从身到家，从家到乡，从乡到国，从国到天下，一环扣一环建立起来的。

我们都知道，儒家有所谓修齐治平，这里是类似说法。从身到家，从家到乡，从乡到国，从国到天下，也是从小到大。但《老子》讲修身，不是修仁义道德，而是养护自己的身体。它所谓"德"是得其自然之德：只有符合自然，才能保全性命。它是用这个道理讲他的修家、修乡、修国、修天下。身虽然小，但天下是由个人构成，身是基础。

《老子》贵身，但它不是说，只要把身体搞好，就什么都好了。它是就事论事，实事求是：身是什么就是什么，家是什么就是什么，乡是什么就是什么，国是什么就是什么，天下是什么就是什么，绝不乱掺和。（何以知天下）

【讨论】

此章有简本。

"善建者不拔，善抱者不脱，子孙祭祀不绝"，"绝"，简本作"毛"，《喻老》及今各本多作"辍"，这三个字，古音相近。

"其德乃溥"，即所谓"广德"（第40章）。"溥"，甲本残缺，乙本作"博"，河本、严本、王本作"普"，傅本作"溥"，这些字，互为通假字，都是表示其德广被。

"以身观身，以家观家，以乡观乡，以邦观邦，以天下观天下"，这五级，是由小到大排列："身"是个人，"家"是家族，"乡"是乡里，"邦"是国家，"天下"是世界。古代贵族社会，"天下"是万邦共存的世界，"邦"是一国之主的大家，"家"是其臣僚的小家，"乡"是这些臣僚聚族而居的居民组织，每个乡都包含若干里，家是包在里中，人是包在家中。《老子》之学，以自然为本，所谓"自然"，即自然而然，事情是什么样就是什么样，我们应该自其然以知其然，按事物本来的面貌去对待事物。这段话不是推己及人，不是说用我的身观你的身，等等。身、家、乡可以有很多，但天下只有一个，不能分彼此。

"吾何以知天下之然哉？以此"，即以天下的本来面貌认知天下。此所谓"知天下之然"者，就是"自然"的本义。

第五十五章 （今本第五十五章）

含德之厚者，比于赤子。蜂虿虺蛇弗螫，攫鸟猛兽弗搏。骨弱筋柔而握固，未知牝牡之会而朘怒，精之至也。终日号而不嗄，和之至也。知和曰常，知常曰明，益生曰祥，心使气曰强。物壮即老，谓之不道，不道早已。

【大义】

《老子》论德，是以养生、护生为说。作者用赤子打比方，说最有德的人，就像刚生下来的小孩，生命力最旺盛。古人相信，命大的小孩，就连毒虫猛兽都无法伤害。他们骨弱筋柔，但小拳头（拇指握于四指内）却握得很紧；不知男女交合之事，小鸡鸡却会勃起。这是因为他们的精气太充足。他们整天扯着嗓子啼哭，也不会哭得上气不接下气。这是因为他们的呼吸太和谐。懂得和谐才叫正常，懂得正常才叫高明。相反，不循自然之理，人为拔高生存质量，叫反常；以意使气，叫逞强。所有事物，都是发展壮大就会走向衰落，这叫不符合道。不符合道的事都不会长久。（含德之厚，比于赤子）

【讨论】

此章有简本。

"赤子"，刚生下来的小孩是粉红色。古人常以赤子比喻百姓。如《书·康诰》："若保赤子，惟民其康乂。"孔颖达疏："子生赤色，故言赤子。"马王堆帛书《十问》也用"赤子"作男阴的隐语。

"蜂虿虺蛇弗螫"，"蜂"，是马蜂、蜜蜂一类昆虫；"虿"音chài，蝎子，字从万，万字的繁体本身，就是蝎子的象形，虿的本字就是万（繁体作萬）；"虺"音huǐ，是小蛇或蜥蜴；"螫"音shì，是指毒虫刺咬。蜂虿以尾钩蜇人，虺蛇以毒牙咬人，这里一律叫"螫"。这句话，简本写法比较复杂，读法相当于"虺虿虫蛇弗螫"。[1]

"攫鸟猛兽弗搏"，"攫鸟"，是以爪捕食的猛禽，如鹰雕之类；"猛兽"，是虎豹一类动物；"搏"，搏击，简本作"扣"，也是击的意思。

"握固"，小孩虽然骨弱筋柔，手很小，但以身体比例衡量，力气相当大，手握得相当紧。这个词，后来成为道教的术语，如《抱朴子·地真》有"握固守一"。古代行气书和房中书，也有这个词，是指控制呼吸和控制射精的技术。

"牝牡之会"，指男女交媾。简本、今本均作"合"。性

1　李零《郭店楚简校读记》（增订本），7页。

交，古人叫"合阴阳"，马王堆帛书有《合阴阳》。

"朘怒"，指小孩的生殖器经常会自动勃起。内蒙老乡，常用此物比喻一说就恼，动不动就跟别人起急的人，他们的说法是"小孩的鸡巴——戏不得"，这就是"朘怒"。"朘"音zuī，傅本同，简本作"𣥺"，河本、景福碑作"朘"，王本作"全"，《说文新附·肉部》有这个字，意思是"赤子阴"。马王堆帛书《十问》有"朘（朘）精""朘（朘）气"和"赤子"，都指男性生殖器。字亦作"朘"或"朘"，又见马王堆帛书《养生方》和《五十二病方》。

"精之至也"，指小孩的精气，也叫元阳。

"号而不嗄"，"号"音háo，即号啕大哭的号，是扯着嗓子大哭；"嗄"音yōu，《说文·口部》以为"气未定貌"，《玉篇·口部》以为"气逆"，这里指赤子哭起来，一直哭很长时间都不会上气不接下气。"嗄"，简本作"㦥"，河本作"哑"，王本作"嗄"（音shà，是嘶哑之义），傅本作"歐"。《庄子·庚桑楚》："终日嗥而嗌不嗄"，或即王本所据。但"嗄"，从简本、帛书本看，应是"嗄"字之误。"哑"又从"嗄"误。

"和之至也"，指小孩哭的时候，气很和谐，而不是说他（或她）的哭声很和谐。小孩哭起来，很远都能听到，是分贝很高的噪音，据说超过电风钻钻马路。

"益生曰祥"，生不可益，亦不可损，当顺其自然。"益生"，是人为拔高生，有如揠苗助长，欲益反损。"祥"，是妖祥，古人所谓妖祥，是泛指一切反常怪异的现象，古人也叫灾异。

"心使气曰强"，古代养生，很重视气，认为有气则生，无气则死。"心使气"，以意使气，不循自然。不循自然，也会伤人。《老子》提到气，还有第10、42章。

"物壮即老，谓之不道，不道早已"，小孩，生命力最旺盛，地震和空难的幸存者往往是小孩。他们的特点是不壮，一壮起来，就会衰老。老了，就会逼近死亡。"益生"就是求壮，求壮属于"不道"，"不道"就会早死。

以上，作者对小孩的生命力有生动描写，观察很细致。古代各国，埃及、以色列、罗马和中国，很多国家都有弃婴传说。周人的始祖弃，就是以此得名。我们老家给小孩起名叫"买成"，也是以买回弃婴为吉祥。《老子》赞美小孩，赞美妇女，道理很深刻。小孩，表面很柔弱，但生命力比大人强；女人，表面很柔弱，也比男人强。女人比男人活得长，更能适应恶劣环境。

第五十六章 （今本第五十六章）

知者弗言，言者弗知。塞其兑，闭其门，和其光，同其尘，挫其锐，解其纷，是谓玄同。故不可得而亲，亦不可得而疏；不可得而利，亦不可得而害；不可得而贵，亦不可得而贱。故为天下贵。

【大义】

明白的不瞎说，瞎说的不明白。什么叫明白人？就是对外界无欲无求的人。他们绝智弃欲，闭目塞听，韬光养晦，宠辱不惊，毁誉置之度外，这叫"玄同"（浑然无别）。如果做到这一点，也就没法跟他讲什么亲疏、利害、贵贱。这样的人，才是天下最高贵的人。（*知者弗言，言者弗知*）

【讨论】

此章有简本。

"塞其兑，闭其门"，同样的话，也见于第52章。

"和其光，同其尘，挫其锐，解其纷"，同样的话，也见于第4章。

"玄同"，"玄"是幽深，"同"是无别，这里是指浑然无别，看不出有什么差别。比如上文的"和其光，同其尘"等话，就是这个意思，下文的"不可得而亲，亦不可得而疏；不可得而利，亦不可得而害；不可得而贵，亦不可得而贱"，也是讲这种浑然无别。孔子尚礼贵别，讲亲疏贵贱，墨子用"同"反对"别"，讲兼爱尚同。老子也讲"同"，但他所谓"玄同"，不是上帝面前人人平等、法律面前人人平等，而是大道面前人人平等。

第五十七章 （今本第五十七章）

以正治邦，以奇用兵，以无事取天下。吾何以知其然也哉？夫天下多忌讳，而民弥贫；民多利器，而邦家滋昏；人多智巧，而奇物滋起；法物滋彰，而盗贼多有。是以圣人之言曰：我无为而民自化，我好静而民自正，我无事而民自富；我欲不欲而民自朴。

【大义】

《老子》说，治国是靠"正"（正常手段），用兵是靠"奇"（反常手段），取天下是靠"无事"（不劳民伤财）。这里，它要强调的是第三句话。为什么它说取天下是靠"无事"呢？主要是因为统治者太多事，总是折腾老百姓。他们设下的禁令越多，老百姓越发生反叛（帛书本"而民弥贫"，简本作"而民弥叛"，这里按简本解释）；老百姓用的精巧器物越多，国家越陷于昏乱；人越追求奇技淫巧，奇货越多；稀缺物品越吸引人，盗贼也越多。所以圣人的说法是，我无所作为，老百姓就会驯服听话；我喜欢清净，老百姓就会规规矩矩；我不劳民伤财，老百姓就会脱贫致富；我无欲无

求，老百姓就会民风淳朴。（以无事取天下）

【讨论】

此章有简本。

"以正治邦，以奇用兵"，用正常的手段治国，用非常的手段用兵。这两句很有名。《汉书·艺文志·兵书略》解释权谋类，一开头就是这两句话。奇正是兵家的重要概念，参看《孙子·势》、银雀山汉简《奇正》。[1]

"以无事取天下"，是说不劳民才能取天下。参看第48章："取天下也，恒无事；及其有事也，不足以取天下。"在《老子》一书中，"无事"和"无为"还不一样。如第63章"为无为，事无事，味无味"，"无为"和"无事"同时出现，显然有别。区别在哪里，我们从文义看，似乎主要在于，"无为"是统治者自己无所作为，"无事"是不以事劳民、扰民，与民生息，令民自化。

"夫天下多忌讳"，指国家繁刑苛法，禁令很多。简本作"天多忌讳"，似遗"下"字。

"而民弥贫"，简本作"而民弥叛"，简文"叛"作"畔"，半在上而田在下，与"贫"字相近。叛是叛变，贫是贫穷，意思不一样。国家繁刑苛法，引起的应是叛乱，而非

1　李零《兵以诈立》，173—200页。

贫穷，"叛"字更合适。

"民多利器，而邦家滋昏"，"利器"，是很灵便、很有用的工具，不一定专指武器；"邦家"，就是后世的国家。"邦"作"国"，是避汉高祖刘邦讳改字。

"奇物"，是"奇货可居"的"奇货"，即《老子》常说的"难得之货"（第3、12、64章）。简本作"哉物"，马王堆帛书甲本作"何物"，乙本残缺，今本作"奇物"，"哉"与"何"都是从可得声，"奇"字也是从可得声，可以通假，这里读为奇。

"法物滋彰"，简本作"灋物滋彰"，景福碑作"法物滋彰"，并同帛书本，当是古本面貌。今本作"法令滋彰"，是针对繁刑苛法之弊而有意改读，来源也比较早，如《文子·道原》《淮南子·道应》《史记·酷吏列传》和《后汉书·东夷传》等都这样写。汉代批判秦代，就是批这一点。[1]

"是以圣人之言曰"，《老子》书中的"圣人"都不详所指，这话的来源也不知道。

"我无事而民自富"，"无事"，同上。

"我欲不欲而民自朴"，我想要的是不想要的，人民就会淳朴。

1　李零《郭店楚简校读记》(增订本)，18—20页。

【补记】

"夫天下多忌讳"，北大本无"下"字，同郭店本。[1]

"法物"，是与礼仪活动有关的器物。马王堆帛书本《二三子问》："德义广大，瀍物备具者，〔其唯〕圣人乎？"[2]《后汉书·光武纪》有"法物备具"语，李贤注："法物，谓大驾、卤簿、仪式也。"[3]

---

1 《北京大学藏西汉竹书》贰，132页。
2 张政烺《张政烺论易丛稿》，北京：中华书局，2010年，164页。
3 丁四新《郭店楚竹书〈老子〉校注》，武汉：武汉大学出版社，2010年。

第五十八章 （今本第五十八章）

其政闷闷，其民惇惇；其政察察，其民狯狯。祸，福之所倚；福，祸之所伏。孰知其极？其无正也，正复为奇，善复为妖。人之迷也，其日固久矣。是以方而不割，廉而不刺，直而不肆，光而不耀。

【大义】

《老子》提倡糊涂政治，原因是，当时的社会，是非混乱，祸福无定。它说，当政者越糊涂，老百姓越老实；当政者越明白，老百姓越狡猾。祸总是挨着福，福总是埋着祸，谁知道结果会怎么样？如果没有"正"（正常），"正"会变成"奇"（反常），"善"（善良）会变成"妖"（邪恶）。世人困惑于此，日子已经很久了。当政者应该糊涂一点，讲究原则，却不生硬；铁面无私，却不伤人；正直坦荡，却不放肆；光明磊落，却不炫耀。（祸福相随）

【讨论】

"其政闷闷，其民惇惇"，"闷闷"，见上第20章，和下文"察察"正好相反，是糊里糊涂、不明不白的意思。"惇惇"音dūn dūn，是老实巴交、朴朴实实的意思。"闷闷"，帛书甲本残缺，乙本作"闉闉"，整理者读闵闵，高明读闷闷，[1]今本各本多作"闷闷"，唯傅本作"闵闵"，乃通假字，这里读闷闷。"惇惇"，帛书甲本残缺，乙本作"屯屯"，河本作"醇醇"，严本作"诸诸"，王本作"淳淳"，傅本作"偆偆"，皆通假字。这里读惇惇。

"其政察察，其民狯狯"，"察察"是清清楚楚、明明白白。"狯狯"，音kuài kuài，是狡猾的意思，原作"夬夬"（音guài guài），今本作"缺缺"，这里读为"狯狯"。

"其无正也，正复为奇，善复为妖"，正和奇相反，正是正常，奇是反常。奇音jī，本指奇数。[2]妖，也是反常，与善相反。《左传》宣公十五年："天反时为灾，地反物为妖"，古人把植物、动物的反常现象都叫作妖。

"人之迷也，其日固久矣"，世人困惑于此，日子确实已经很久了。

"是以方而不割，廉而不刺，直而不肆，光而不耀"，第一句，今本作"是以圣人方而不割"，多出"圣人"。"方"是正方形，"廉"是方形的四边。它们都有棱有角，容易割伤人或刺伤人。尹湾汉墓出土的《博局占》木牍，它的

1　高书，108—109页。

2　李零《兵以诈立》，173—200页。

博局图，一共有九个棋位，其中头两种就是"方""廉"。"剌"，河本作"害"，严本、王本、傅本作"剐"（音guì）。作"害"，可能是沿上文"割"字而误，不足据；作"剐"，是换用方言字。《方言》卷三："凡草木刺人……自关而东，或谓之梗，或谓之剐，自关而西谓之剌……"《韩非子·解老》《淮南子·道应》已作"廉而不剐"。"直而不肆"，"直"与曲相反，是正直的意思；"肆"是放肆。《论语·阳货》17.16"古之狂也肆"，"肆"是狂放。"光而不耀"，是光明但不刺眼。

第五十九章 （今本第五十九章）

治人事天莫若嗇，夫唯嗇，是以早服，早服谓之重积德。重积德则无不克，无不克则莫知其极。莫知其极，可以有国。有国之母，可以长久。是谓深根固柢、长生久视之道也。

【大义】

《老子》贵"嗇"。它说，治理人民，祭祀天地，没有什么东西比"嗇"更重要。"嗇"是爱惜之义。不浪费金钱，不浪费精力，不浪费时间，就是"嗇"。只有懂得嗇，才能早得道，多积德，事无不成，享国长久。这是所谓"深根固柢、长生久视之道"。（贵嗇）

【讨论】

此章有简本。

"治人事天莫若嗇"，"治人"是治理人民，"事天"是祭祀天地鬼神，"嗇"是爱惜的意思。古人常说"爱嗇"，就是这个意思。如《后汉书·方术列传》说，甘始、东郭延年、封君达，"率能行容成御妇人术，或饮小便，或自倒悬，爱啬精气，不极视大言"，就是这种用法。古代房中术的"十动不泻"说，就是体现"啬"。美国学者马克梦讲明代色情小说，他使用"吝啬鬼"的概念，就是受此启发。[1]

"是以早服"，"是以早"三字，简本重复书写，不用重文号，是衍文。"早服"是早从道。

"有国"，注意，这里不说"有邦"。"国"是国都，有国则有邦，但国不等于邦。邦是国家，在古语中，同国的含义仍有区别。汉代避汉高祖讳，改邦为国，这两个字的含义才被混淆。

"有国之母"，有国之道。

"深根固柢"，根柢扎得很深很牢。

"长生久视"，指活得很长，在位时间很长。

1 参看：Keith McMahon, *Misers*, *Shrews*, *and Polygamists*, Durham & London：Duke University Press, 1995。中文本：马克梦《吝啬鬼、泼妇、一夫多妻者》，王维东、杨彩霞译，戴联斌校，北京：东方出版社，2001年。

第六十章 （今本第六十章）

治大邦若烹小鲜。以道莅天下，其鬼不神。非其鬼不神也，其神不伤人也。非其神不伤人也，圣人亦弗伤也。夫两不相伤，故德交归焉。

【大义】

《老子》用煮小鱼比喻治大国。煮小鱼，大火，勤翻勤搅，就把鱼搅烂了，这是不知顺其自然。它说，以道治天下，要想不伤人，也要顺其自然。那样，鬼也好，圣人也好，就都不会伤人了。他们都不伤人，就两全其美了。（治大国如煮小鱼）

【讨论】

"治大邦若烹小鲜"，"烹"，是用镬（专门烹牲的大鼎）煮肉（煮是用水煮）。古代烹调术语有很多种，含义不同。如蒸是用甗蒸，蒸的是稻粱类的谷物；炒、煎、熬是用油，以火焙干。炙、烤、炮，是直接放在火上烤。这里不是蒸，不是煎炒，也不是烤。"小鲜"，是小生鱼。古人对肉食，分类很细，他们是以生鱼为鲜，生肉为腥，切片的生鱼或生肉为脍，干肉为薨（或槁），活物为牲牢。这里是以烹调为喻。作者说，治大国是烹调艺术，就像煮小鱼，很容易煮烂，火候很重要，而且千万不能搅。古代内臣，做饭的大师傅很重要，商周时期叫宰或膳夫，后世所谓宰臣，就是起源于这种大师傅。战国时期流行一种传说，"伊尹以割烹要汤"（《孟子·万章上》），就是反映这种理解。"大邦"，甲本缺，乙本、今本避汉高祖讳作"大国"，观下第61章的"大邦""小邦"，第67章的"小邦"，可知甲本此处一定是作"大邦"。

"以道莅天下"，以道临天下。

"其鬼不神"，犹言其鬼不灵。

"非其神不伤人也"，注意，这里的"不伤"，后面有"人"字。

"圣人亦弗伤也"，今本作"圣人亦不伤人"，这里的"圣人"，应指统治者。注意，这里的"弗伤"，后面没有"人"字。

"夫两不相伤"，指鬼不伤人，圣人也不伤人。

"故德交归焉"，鬼不伤人，圣人也不伤人，两种德都归于人。

第六十一章 （今本第六十一章）

大邦者，下流也，天下之牝。天下之交也，牝恒以静胜牡。为其静也，故宜为下。大邦以下小邦，则取小邦；小邦以下大邦，则取于大邦。故或下以取，或下而取。故大邦者，不过欲兼畜人，小邦者，不过欲入事人。夫皆得其欲，大者宜为下。

【大义】

大国，一般很牛，但《老子》却说，大国应甘居下游，当"天下之牝"。

它以男女交合为喻，讲大国和小国的关系。女性总是以静制动，比男性厉害。女人一动不动，等着男人上身，所以总是躺在下边。躺在下边的可以"吞并"上边。大国和小国的关系，也是这样。大国纤尊降贵，可以吞并小国；小国居高临下，反被大国吞并。一方是以下取人，一方是以下被人取。大国想的是吞并小国，小国想的是臣服大国。双方各得其所，大国应该居下。（**大国才该居下游**）

【讨论】

此章是用交媾比喻大国和小国的关系。

"大邦者，下流也，天下之牝。天下之交也，牝恒以静胜牡"，"大邦""小邦"，甲本如此，乙本、今本避汉高祖讳作"大国""小国"。"下流"，水之下游，流同游。"牝"，是以女性生殖器代指女性。动物辨雌雄，主要就是看生殖器。"交"，这里指交媾。《老子》原文是以男女交媾为喻，意思很明显，但后人不敢朝这儿想，干脆把原文改了，成了"大国者下流，天下之交。天下之牝，牝常以静胜牡"。"天下之牝"与"天下之交"换位，怎么读得通？帛书本让我们看到了古本真相，我们才知道，话不是这么讲，"天下之交"是讲性交。[1]

"牝恒以静胜牡"，"牡"指男性。中国古代房中书，一向认为女的比男的厉害，善于以静制动，柔弱胜刚强，男的一定要学会控制自己，千万别让女的把自己伤了。如"阳生立于寅，纯木之精。阴生立于申，纯金之精。夫以木投金，无往不伤。故阴能溲阳也。阴人著脂粉者，法金之白也。是以真人道士莫不留心驻意，精其微妙，审其盛衰。我行青龙，彼行白虎；彼前朱雀，我后玄武，不死之道也。又阴人

1　郑良树说："此节上下文既以牝母为主题，窃疑'交'当解作阴阳交媾、男女交合，方合本义。此谓天下阴阳之大交媾也，牝母屡以静制胜雄牡，盖牝母能静也；故大国当取法于此，以静以谦为宜也。"参看他的《老子新校》，267—268页。

之情也有急于阳，然能外自强抑不肯请阳者，明金不为木屈也。阳性气刚躁，志节疏略，至于游晏，则声气和柔，言辞卑下，明木之畏金也"（《天门子经》佚文）；"弱能制强，阴能弊阳，常若临深履危，御奔乘驾，长生之道也"（《绝洞子》佚文）；[1]"御女当如朽索御奔马，如临深坑下有刃，恐堕其中"（《洞玄子》佚文）。"恒"，今本作"常"。

"为其静也，故宜为下"，交媾有各种姿势，性学家叫体位。动物只会后入位。人不一样，主要有三种体位：男上位、女上位、后入位，明清小说，叫"顺水推舟""倒浇蜡烛"和"隔山取火"。这里是以男上位、女下位为说，强调大国要取女下位，让小国在上，扮演男上位。《老子》强调"为雌""守雌"（第10、28章），这就是"为雌""守雌"。

"大邦以下小邦，则取小邦；小邦以下大邦，则取于大邦"，"取"，据严本注文，是"吞"的意思。大国居小国之下，可吞并小国；小国居大国之下，反被大国吞并；前者就像女下位，以下吞上。

"故或下以取，或下而取"，而、以互通，古书常见，但这里有别，"下以取"是主动吞并，"下而取"是被人吞并。

1　东汉龙虎镜，以龙虎交媾为主题，青龙有拟人的男性生殖器，龙虎之下有象征长寿的丈人或神龟，就是反映这种思想。《黄书》佚文（东晋道安《二教论》、唐法琳《辨正论》引）有"开命门、抱真人，婴儿回，龙虎戏"的说法，正可印证这一点。

"故大邦者，不过欲兼畜人，小邦者，不过欲入事人"，大国居下，不过是为了吞并和控制小国；小国居下，不过是为了臣服于大国。"兼"，乙本作"并"，意思一样。

"夫皆得其欲，大者宜为下"，意思是，大国和小国，各得其所，但大国最好还是居于下位。

第六十二章 （今本第六十二章）

　　道者，万物之主也，善人之宝也，不善人之所保也。美言可以市，尊行可以加人。人之不善也，何弃之有？故立天子，置三卿，虽有拱之璧以先驷马，不（善）〔若〕坐而进此。古之所以贵此者何也？不谓求以得，有罪以免与，故为天下贵。

【大义】

　　道是万物之主，"善人"拿它当宝贝，"不善人"也想拥有它。嘉言可卖钱，懿行可送人。道也是送人的好礼物。人虽"不善"，何必抛弃，他们也照样需要道。天子即位，设立三卿，送什么东西作贡物？答案是，与其献拱璧、驷马，不如献道。古人贵道为什么？不就是为了有求必应、免除罪过吗？所以大家都看重道。（*道是最好的礼物*）

【讨论】

　　"道者，万物之主也"，道是万物的源泉，也是万物的主宰。"主"，今本作"奥"。奥字的本义是屋子的西南角，古代宫室以奥为尊，故转义为主。如《论语·八佾》3.13"与其媚于奥，宁媚于灶"，就是以屋室之奥比喻君主。

"善人之宝也，不善人之所保也"，"善人""不善人"，可以有两种理解，一种是道德高下，一种是智力高下。道是善人的宝贝，但不善人也同样需要它。"宝"与"保"，帛书本都写成"葆"，汉代多用葆为宝，今本上作"宝"，下作"保"。这两个字，古相通，两周金文的"子子孙孙永宝用"，"宝用"即"保用"。这里的读法是按今本。"善人"又见第8、27、81章，"不善人"又见第27章。

"美言可以市，尊行可以加人"，"美言""尊行"，即所谓嘉言懿行，这些东西，都像宝物一样，可以出售，可以送人。

"人之不善也，何弃之有"，意思是，人虽不善，何必抛弃。"人之不善也"，就是上文的"不善人"。参看第27章："是以圣人恒善救人，而无弃人，物无弃材，是谓袭明。故善人，善人之师；不善人，善人之资也。"

"故立天子，置三卿"，三卿，指执政大臣，如司徒、司马、司空。"三卿"，今本作"三公"。

"虽有拱之璧以先驷马"，这里是讲两种礼物，一种是"有拱之璧"，即用两手捧持的大璧，送之在先；一种是驾车的四马，随之在后。先送璧，后送马。这两种都是重礼。古代送礼，主要是四样：玉、马、皮、帛，通称曰币。这里是前两种。"虽有拱之璧"，是"虽／有拱之璧"，今本作"虽有拱璧"，少了一个"之"字，就变成了"虽有／拱璧"，意思不一样。

"不若坐而进此"，与其送璧送马，不如跪而献道。

"古之所以贵此者何也，不谓求以得，有罪以免与，故为天下贵"，古人贵道，是为了有求必应、免除罪过。这话有点宗教味道。天师道就有释罪之说。"不谓"，今本作"不曰"。

第六十三章 （今本第六十三章）

为无为，事无事，味无味。大小多少，报怨以德。图难乎其易也，为大乎其细也。天下之难作于易；天下之大作于细。是以圣人终不为大，故能成其大。夫轻诺必寡信，多易必多难，是以圣人犹难之，故终于无难。

【大义】

这也是属于"正言若反"（第80章）。作者强调的是，事物的两个方面，最好是站在一般人以为不好的一面。比如，大和小，他挑小；难和易，他挑易。他说，天下的难都是起于易，大都是起于小。圣人都是以小为大，以易为难，所以能成其大，免于难。

《老子》的辩证法，特点就是反"常识"。一般人都是"以德报德，以怨报怨"，但他却讲"以德报怨"。（以德报怨）

【讨论】

此章有简本，是摘取开头三句和最后三句。中间只有

"大小之"三字，显然漏抄了下面的话："多少，报怨以德。图难乎其易也，为大乎其细也。天下之难作于易；天下之大作于细。是以圣人终不为大，故能成其大。夫轻诺必寡信。"

"为无为，事无事，味无味"，自己要做，只做无所作为的事；劳民去做，只做不劳民伤财的事；品尝食物，只尝没有味道的东西。这里，"为"是自作为，"事"是劳人为。参看第48章："为学者日益，闻道者日损，损之又损，以至于无为。无为无不为。取天下也，恒无事；及其有事也，不足以取天下。"

"大小多少"，一种理解是，连下文读，无论对方的怨是大是小，是多是少，都要以德报怨；另一种理解是，把小的当成大的，少的当作多的，即下文"为大乎其细也"。

"报怨以德"，涉及孔老异同，很重要。有人问孔子，"以德报怨，何如？"孔子说，"何以报德？以直（值）报怨，以德报德"（《论语·宪问》14.34），即如果以德报怨，那德该用什么报？答案是，还是以与怨对等的东西来报怨，以德报德吧。孔子的回答很巧妙，他是玩文字游戏，用音训的方法做解释。我们要知道，"德"字是从直得声，直可用为值，有对等相当的意思。他是把对方说的"以德报怨"故意读成"以直报怨"，意思是用和怨一样的东西来报怨。其实也就是以怨报怨，以德报德。以德报德，以怨报怨，就是孔子说的恕道。恕是什么意思？是宽恕吗？不是。今语宽恕，其义主于宽，古语不一样，宽是宽，恕是恕。恕是什么意思？古人拆字为解，有如心之训，意思是将心比心。我把我的好恶强加于你，当然不行；你把你的好恶强加于我，也同样不行。恕道，讲的是对等。这是孔子的思想。老子不一样，他贵柔贵弱贵下，处处讲的是不对等。他们俩的说法，谁先谁后，谁回应谁，历来有争论，很多人都以为老子年纪大，肯定是孔子回应老子。我不这么看。因为老子更老，不等于《老子》更早。这里有三种可能，一种是《论语》回应《老子》，一种是《老子》回应《论语》，一种是谁也不回应谁，只是凑巧撞在一起。我的看法是，《老子》除这两句，还有不少批评孔子和儒家的话，相反，《论语》除了这两句，一点迹象都没有。谁先谁后，实在很清楚，驳人的人肯定要后于被驳的人。

"图难乎其易也，为大乎其细也"，谋难事，要从容易的事入手；做大事，要从细小的事入手。

"是以圣人犹难之，故终于无难"，圣人以易为难，所以到头来没有什么难。

第六十四章 （今本第六十四章）

其安也，易持也。其未兆也，易谋也。其脆也，易判也。其微也，易散也。为之于其未有也，治之于其未乱也。合抱之木，生于毫末；九层之台，作于累土；百仞之高，始于足下。为之者败之，执之者失之。是以圣人无为也，故无败也；无执也，故无失也。民之从事也，恒于几成而败之。故慎终若始，则无败事矣。是以圣人欲不欲，不贵难得之货；学不学，而复众人之所过，能辅万物之自然，而弗敢为。

【大义】

《老子》认为，事情的发展都是从小到大，大树都是从小苗往起长，高楼都是从平地往起盖。事情的两头，一头一尾最重要。事情还没开始，乱子还未发生，最容易对付，聪明人应动手于未开始，防患于未然。已经开始，已经发生，就比较麻烦，越管越管不了，越保越保不住，趁早别折腾。圣人的态度是，爱咋咋，不管也不保。这是开头。事情临近结束，往往功败垂成，折腾半天又放弃，也太可惜，一定要小心对待，就像开头一样。所以圣人要的都是没人要的东西，什么稀罕玩意儿都不当回事。学的都是用不着学的本事，瞅着别人干过梭儿了，就往回拧。总之一句话，甭管处理什么事，都得顺应自然，无所作为。（慎终若始）

【讨论】

此章，简本是分为两章，"其安也"至"始于足下"是一章，"为之者败之"至"而弗敢为"是另一章。后者，又重见于甲组和丙组。

"其安也，易持也"，稳定的东西，容易抓得住。

"其未兆也，易谋也"，事情没开始，容易谋划。

"其脆也，易判也"，脆弱的东西，易于破裂。"判"，是剖分、破裂之义，简本、傅本作"判"，王本作"泮"，河本、严本作"破"，这三种写法，是通假关系，作"判"最好。

"其微也，易散也"，细碎的东西，容易分散。

"为之于其未有也，治之于其未乱也"，没有，才要做出来；未乱，就要加以治理。

"合抱之木，生于毫末"，合抱的大树，都是从幼苗长成。

"九层之台，作于累土"，九层的高台，都是从平地一层一层用土堆起来的。"层"，甲本缺，简本、乙本、傅本作

"成"，河本、王本作"层"，两种写法，是通假关系，这里应以作"层"为是。"作"，简本作"甲"，从楚文字的写法看，当是"乍"字之误，读作。

"百仞之高，始于足下"，这是讲爬山。《礼记·中庸》："辟如登高，必自卑。"就是这个意思。"仞"是一人之高，简本作"仁"，乙本作"千"，都是"仞"的通假字。今本此句作"千里之行"，把爬山改成走路，意思完全变味。

"民之从事也，恒于几成而败之"，老百姓做事，总是功败垂成。"几成"，是接近成功。

"故慎终若始，则无败事矣"，对待接近成功的事，要像刚开始动手一样。

"是以圣人欲不欲，不贵难得之货"，所以圣人追求的只是无所追求，并不看重难得的财物。

"学不学，而复众人之所过，能辅万物之自然，而弗敢为"，所以圣人学习的只是什么都不学，只把大家过分的地方找补回来，能顺应万物的规律，帮助它们发展，而绝不敢人为干预。"复"是返的意思。第25章："大曰逝，逝曰远，远曰返。"过则返，是《老子》强调的思想。"学不学"，简本甲组作"教不教"，丙组作"学不学"，帛书二本均作"学不学"，今本也作"学不学"，这里作"学不学"。

第六十五章 （今本第六十五章）

故曰：为道者，非以明民也，将以愚之也。民之难治也，以其智也。故以智治邦，邦之贼也；以不智治邦，国之德也。恒知此两者，亦稽式也。恒知稽式，此谓玄德。玄德深矣远矣，与物反矣，乃至大顺。

【大义】

古昔贤哲，都主张愚民，令人遗憾，不能不批判。《老子》也主张愚民。它说，统治者以道治国，不是为了让老百姓明白，而是让他们糊涂。老百姓难治，主要麻烦，就是他们还有头脑，太有头脑。以智治国，对国家是大害，以不智治国，对国家才是大利。统治者只有明白这两条，才有标准可依。有标准可依，才叫达到"玄德"。"玄德"的道理又深又远，道理反着讲，才叫大顺。（愚民）

【讨论】

"故曰"，似是承接上一章。

"为道者，非以明民也，将以愚之也"，"为道"是推行道。这里是说，推行道，不是用道开启民智，而是用来愚民。"为道者"，今本作"善为道者"。

"民之难治也，以其智也"，甲本缺"治也，以其"四字，这里据乙本补足。"智"，河本、王本作"智多"，傅本作"多知"。《老子》反对智，不是说智多了不好，少了就好，而是说智这个东西，本身就不好，"多"字是多余的字。

"故以智治邦，邦之贼也；以不智治邦，国之德也"，故以智慧治国，是害国家，这样的人，是加害国家的凶手；以糊涂治国，是利国家，这样的人，是有德于国家的恩人。"贼"是伤害之义，作为法律术语，杀人伤人才叫"贼"，它是很大的伤害，不是一般的伤害。

"恒知此两者，亦稽式也"，如果彻底明白这两句话，也就找到了可以遵循的原则。"稽式"，河本误作"楷式"，楷是形近致误。"稽"有考核之义，"式"有样式之义。

"恒知稽式，此谓玄德"，"玄德"，见上第10章和第51章。"稽式"，王本、傅本作"稽式"，河本、严本作"楷式"，稽与楷，古音相近，字形也相近，可能是误写。

"玄德深矣远矣，与物反矣，乃至大顺"，"玄德"的"玄"本身就有深远之义。这里是说，玄德深远，物极必反，远了就会反，又转回来，转回来才有大顺和圆满。第25章"大曰逝，逝曰远，远曰返"，就是这个意思。

《老子》和《论语》不一样，《论语》里面有156个人，

《老子》没有具体的人。这书有哲学味道，读它，如入无人之境。谁说话，不知道；谁听话，也不知道。我们要分析，他的药方都是开给谁的。比如《老子》提倡糊涂。他是提倡统治者糊涂呢，还是提倡老百姓糊涂，或两者都糊涂。

我看，老百姓糊涂，那是真糊涂；统治者糊涂，是以糊涂为工具，愚弄老百姓。"与民同愚"，全是假象。他们，大事糊涂、小事明白，一阵儿糊涂，一阵儿明白，揣着明白装糊涂，其实是真明白。《老子》说，这叫"玄德"。俗话说，刘备摔孩子——假仁假义。《三国演义》中的刘玄德，特会玩这一套。

关于愚民，鲁迅讲得很好，可参看。[1]

1　鲁迅《春末闲谈》，收入《鲁迅全集》，第1卷，北京：人民文学出版社，1956年，304—305页。

第六十六章 （今本第六十六章）

江海之所以能为百谷王者，以其善下之，是以能为百谷王。是以圣人之欲上民也，必以其言下之；其欲先民也，必以其身后之。故居前而民弗害也，居上而民弗重也。天下乐推而弗厌也。非以其无争与，故天下莫能与争。

【大义】

江海在百谷的下游，纳百川之水而成其大。圣人明此，不以下为耻。他很清楚，你要在老百姓之上统治他们，就得懂得谦虚，放下架子，跟他们讲客气话；你要在老百姓前边领导他们，就得懂得退让，不与老百姓争利。这样，老百姓才不会觉得，你在前边是威胁，你在上面是负担，天下之人，谁都乐于拥戴你，而绝不抛弃你。这不是因为没人与之争，而是因为没人可以与之争。（善为民下）

【讨论】

"江海之所以能为百谷王者，以其善下之，是以能为百谷王"，百谷在上游，江海在下游。江海不释细流，纳百川之水，因而成其大。《说苑·敬慎》引《金人铭》有"夫江河长百谷者，以其卑下也"等语（又见《孔子家语·观周》），或即所本。[1]《淮南子·说山》"江海所以能长百谷者，能下之也。夫惟能下之，故能为百谷王"，也和《金人铭》相似。

"是以圣人之欲上民也，必以其言下之；其欲先民也，必以其身后之"，意思是，位居人民之上，先要言辞卑下；位居人民之前，先要表示退让。参看第7章："是以圣人退其身而身先，外其身而身存。不以其无私欤，故能成其私？"又第69章："我恒有三宝，持而宝之：一曰慈，二曰俭，三曰不敢为天下先。夫慈，故能勇；俭，故能广；不敢为天下先，故能为成事长。今舍其慈且勇，舍其俭且广，舍其后且先，则必死矣。"这几句，简本作"圣人之在民前也，以身后之；其在民上也，以言下之"，顺序和字句都不太一样；今本作"是以圣人欲上民，必以其言下之；欲先民，必以其身后之"，和帛书本比较接近。《说苑·敬慎》引《金人铭》有"君子知天下之不可盖也，故后之下之，使人慕之"等语（又见《孔子家语·观周》），[2]与此相近。

"故居前而民弗害也，居上而民弗重也"，"弗害"是不以居前为害，"弗重"是不以在上为重。"重"是负担重的意思。"重"，简本作"厚"，楚简的重字往往上从石，下从主，

1　郑良树《〈金人铭〉与〈老子〉》，收入他的《诸子著作年代考》，12—20页。

2　同上。

和厚字的写法非常接近。"弗"字，今本作"不"，下同。

"天下乐推而弗厌也"，"推"是推举拥戴，"厌"是厌弃。

"非以其无争与，故天下莫能与争"，意思是，并非因为没人与他争，其实是天下没人能够与他争。第一句，乙本作"不以其无争与"，今本作"以其不争"。甲本、乙本都有否定词，今本没有，意思发生变化，成了因为与人无争，所以天下没人与之争。[1]

1　参看高书，149页。

第六十七章 （今本第八十章）

　　小邦寡民，使有什百人之器而毋用，使民重死而远徙。有舟车，无所乘之；有甲兵，无所陈之。使民复结绳而用之。甘其食，美其服，乐其俗，安其居，邻邦相望，鸡狗之声相闻，民至老死，不相往来。

【大义】

　　《老子》的理想世界是小国寡民。这种国家，虽有舟车，虽有武器，凡是十人或百人以上使用的复杂器物，全都没有人用。大家都回到结绳记事的原始时代，用不着这些东西。它的百姓，吃得好，穿得好，生活安定，自得其乐。他们住在自己家，日子过得好好的，谁都不想打仗，也不肯出远门。邻国和邻国，离得很近，鸡鸣狗叫都听得到，却一辈子都不肯往来。（**小国寡民**）

【讨论】

　　"小邦寡民"，是《老子》描述的理想国。"小邦"，乙本、今本避汉高祖讳作"国"，甲本不避。古人的理想国，都是与现实拧着来。现实世界，大家都想当大国，过奢侈生活，处于商业和文化的中心。但理想国，一般都是小国，越原始越有味。这种小国，多半是出于反文明的幻想，但也有一点原型。春秋有十二诸侯，战国有七大强国，都是大国，但小国还是有一点，比如山东，就是个古国博物馆。古人也有人类学知识，当时的蛮夷传和番国志，有很多海外奇谈，什么女儿国、君子国，都在海外。大家要找原始的东西，不容易，就像找纯种猪，只有到与世隔绝大山里面的小村子才找得到。

　　"什百人之器"，迄无确诂。一般认为，"什百"是个表示数量的词，"什"是10，"百"是100。我怀疑，这个词是指十人以上或百人以上使用的器物，技术含量较高，性能比较复杂，比如下文的"舟车"和"甲兵"就是这类器物。这类器物，有别于个人使用的器物。个人使用的器物，如锅碗瓢盆，或者农具，一般比较简单。有人说，"什百"是军队编制，没错。古代军队编制，基础是伍、什、两、队、卒，伍是5人，什是10人，两是25人，队是50人，卒是100人。但与之相应的居民组织也可以是这样。[1] "什百人"不一定指军队，也可以指居民组织，或以十以百进位的其他东西。

1　李零《中国古代居民组织的两大类型及其不同来源》，收入《李零自选集》，桂林：广西师范大学出版社，1998年，148—168页。

"什百人之器",不一定像俞樾所说,专指武器。[1]"什",原作"十"。"毋",乙本作"勿",今本作"无"。

"使民重死而远徙","重死",是珍惜生命,不肯轻生;"远徙",是不肯出门,到外面旅行。"远"是动词,与"重"对应,不是形容词。"远徙"不是长途旅行,出远门,而是疏于"徙",远于"徙",不肯出门旅行。"远徙",今本作"不远徙",是因为误解"远徙"为出远门,所以加了"不"字。[2]

"有舟车,无所乘之",舟车是供人乘坐的交通工具。小国之民"远徙",不肯出门,虽有舟车,无所用之。

"有甲兵,无所陈之",甲兵是用于营兵布阵。"陈"即列阵,古文字原来没有阵字,都是假陈为阵。小国之民"重死",不肯打仗卖命,虽有甲兵,无所用之。

"使民复结绳而用之",相传上古之民结绳而记事。《易·系辞下》:"上古结绳而治,后世圣人易之以书契,百官以治,万民以察。"它所谓圣人,传说是仓颉。

"乐其俗,安其居",乐其风俗,安其居处。严本同此。河本、王本作"安其居,乐其俗",傅本作"安其俗,乐其业"。

"鸡狗之声相闻","狗",甲本、河本、严本作"狗",乙本、傅本、王本作"犬"。狗和犬是一类动物,两个词经

1　高书,150—152页。

2　高书,152—153页。

常混用，但古书的用法，还是略有区别。归纳古书的描述，它们的区别主要是两点。第一，犬是犬类动物的通称，狗只是犬类动物的一种。第二，犬多指猎犬类的大型犬，狗多指体型较小的狗，特别是普通人养的看家狗。许慎把犬定义为"有县（悬）蹏"的狗，把狗定义为喜欢汪汪叫、看家护院的狗。[1]王世襄说，18个脚趾的是狗，20个脚趾的是犬，犬的后腿比狗多出两个不着地的脚趾，即养犬行家所谓"撩儿"。这两个"撩儿"就是许慎说的"县（悬）蹏"。[2]古书引文，《庄子·胠箧》《文子·自然》作"鸡狗之音相闻"，《史记·货殖列传》作"鸡狗之声相闻"，都是作"狗"。"狗"是看家狗，这里是讲普通人家的看家狗，作"狗"比作"犬"好。

1　《说文解字·犬部》："犬，狗之有县（悬）蹏者也，象形。孔子曰：视犬之字如画狗也。凡犬之属皆从犬。""狗，孔子曰：狗，叩也。叩气吠以守。从犬句声。"
2　王世襄《锦灰堆》，北京：生活·读书·新知三联书店，1999年，贰卷，642页。

第六十八章 （今本第八十一章）

信言不美，美言不信。知（智）者不博，博者不知。善者不多，多者不善。圣人无积，既以为人，己愈有，既以予人，己愈多。故天之道，利而不害；人之道，为而弗争。

【大义】

前面六句话，作者的态度很明确，可信和可爱，他挑可信；颖悟和渊博，他挑颖悟；质量和数量，他挑质量。他说，圣人不守财，越给别人，自己越富有。天之道，是只利人，不害人；人之道，是走自己的路，不与人争。（利而不害，为而弗争）

【讨论】

"信言不美，美言不信"，王国维有一句名言："哲学上之说，大都可爱者不可信，可信者不可爱。"[1]

"知（智）者不博，博者不知"，"知"应读为智。老子

1　王国维《自序二》，收入《静安文集续编》，21页正—22页背，《王国维遗书》，上海：上海古籍书店，1983年。

反对智。这里的"知（智）"，应是悟性高的意思。

"善者不多，多者不善"，河本、严本、王本作"善者不辩，辩者不善"，傅本作"善言不辩，辩言不善"，似乎是把"多"字理解为多言善辩。

"圣人无积，既以为人，己愈有，既以予人，己愈多"，圣人不积攒东西，他越是帮助别人，自己越富；越是给予别人，自己越多。古人有利己、利他之辩，如同今日。杨、墨之别在于此。《老子》"贵身"（如第13、44章）似杨，而"为人""予人"似墨，他是折中二者，从自己出发又回到自己，说是毫不利己、专门利人，但结果怎么样？"己愈有""己愈多"，最后，还是归本于己。"无积"，甲本、傅本作"无积"，河本、王本作"不积"。

"故天之道，利而不害；人之道，为而弗争"，天道是只利人，不害人；人道是只帮助人，而不与人争。"人之道"，今本作"圣人之道"。

第六十九章 （今本第六十七章）

　　天下皆谓我大，大而不肖。夫唯不肖，故能大；若肖，久矣其细也夫。我恒有三宝，持而宝之：一曰慈，二曰俭，三曰不敢为天下先。夫慈，故能勇；俭，故能广；不敢为天下先，故能为成事长。今舍其慈且勇，舍其俭且广，舍其后且先，则必死矣。夫慈，以战则胜，以守则固。天将建之，如以慈垣之。

【大义】

　　此章是论兵。作者说，大象无形，什么都不像。不像，才能大；像，时间长了，就会变成小东西。用兵有三宝，一是"慈"，二是"俭"，三是"不为天下先"。有"慈"（仁慈）才有"勇"（勇敢）；有"俭"（节制）才有"广"（扩张）；"不敢为天下先"（后发制人），才能领先于所有成功者。如果没有"慈"，却想"勇"；没有"俭"，却想"广"；没有"后"，却想"先"，那是找死。只有仁慈之师，才能战必胜，守必固。老天要想成全谁，就会用仁慈保卫他。（以慈为城）

【讨论】

"天下皆谓我大，大而不肖"，道是抽象，抽掉了万物的象。它的特点是大，什么东西都可包容，但它本身，什么都不是，什么也不像。"不肖"是不像。

"若肖，久矣其细也夫"，意思是，如果它像某个具体的东西，时间长了，就会变成某种细小的东西。"细"是对"大"而言，严本作"小"，意思相同。

"我恒有三宝，持而宝之"，上"宝"是珍贵之物，名词；下"宝"是保有之义，动词。

"一曰慈，二曰俭，三曰不敢为天下先"，"慈"是仁慈，"俭"是节约，"不敢为天下先"是不敢先下手。古人说，"先人有夺人之心，后人有待其衰"（《左传》文公七年、宣公十二年和昭公二十一年引《军志》），"凡先处战地而待敌者佚，后处战地而趋战者劳"（《孙子·虚实》），《吕氏春秋·不二》说，"王廖贵先，儿良贵后"。自古兵家有贵先、贵后两派。俗话说，先下手者为强，后下手者遭殃。《老子》贵后。毛泽东说过，"我们要站在自卫的立场反击国民党的进攻，一个是自卫，一个是反击……我们的方针：第一条，就是老子的哲学，叫做'不为天下先'。就是说，我们不打第一枪。第二条，就是《左传》上讲的'退避三舍'……第三条，是《礼记》上讲的'礼尚往来'。来而不往非礼也，往而不来亦非礼也，就是说'人不犯我，我不犯人；人若犯我，我必犯人'"。[1]他这段话，后来也被用于中印边界和中越边界的"自卫反击战"，话的顺序变了，第二条和第三条反过来，第一是不打第一枪，第二是你若打我，我就还击，第三条是打过有争议的地区，再撤回来。

"夫慈，故能勇"，勇是出于慈爱。

"俭，故能广"，点滴节约，故能增广。

"不敢为天下先，故能为成事长"，不为天下先，故能坐观其成，收全局之利。

"今舍其慈且勇，舍其俭且广，舍其后且先，则必死矣"，意思是去此三条，则必死无疑。"则必死矣"，帛书甲本如此，乙本无"必"，河本、严本、王本也无"必"字，差别不大，傅本"是谓入死门"，差别较大。

"夫慈，以战则胜，以守则固"，三条当中，慈是第一条。慈是爱惜生命，知道打仗是人命关天。"以战则胜"，各本如此，唯傅本作"以陈则正"。

"天将建之，如以慈垣之"，是说，老天要成就谁，就会以慈爱为城垣，以战则胜，以守则固。"建"，今本作"救"。"垣"，今本作"卫"，卫与回为通假字，或由互讹回，又读为卫，或以含义相近而换字。

1　毛泽东《在中国共产党第七次全国代表大会上的口头政治报告》(1945年4月24日)，《毛泽东文集》第三卷，北京：人民出版社，1996年，325—326页。

第七十章 （今本第六十八章）

善为士者不武，善战者不怒，善胜敌者弗与，善用人者为之下。是谓不争之德，是谓用人，是谓配天，古之极也。

【大义】

此章也是论兵。作者说，好的武士会量力而行，不滥用武力；善战的人会控制情绪，不逞一时之愤；善于取胜的人不与敌交手，也能战胜敌人；善于用人的人总是礼贤下士，而人乐为之用。这些武德，都是不争之德。有这种德行，才算懂得用人，才算懂得配天，古代最高明的人，也不过如此。（**不争之德**）

【讨论】

"善为士者不武"，这里的"士"是武士。古代的士本来是武士，庙堂之上，是谦谦君子；战阵之间，是赳赳武夫。武士变文士，是孔子死后的一种变化。顾颉刚先生曾讨论过这个问题，可参看。[1]"不武"，武，从戈从止，像一件戈和一只脚（止即趾的本字），可能是指荷戈的步兵，古人有"止戈为武"的古训（《左传》宣公十二年）。武本指步武，后被引申为各种武德，如刚武、勇武、威武。古代谥法，有"文""武"二字，彼此对立。西方和战争或军事有关的词多与男性有关。[2]此字略相当于英语的macho或martial。

"善战者不怒"，军人的大忌是怒。《孙子·火攻》："主不可以怒而兴军，将不可以愠而致战。"

"善胜敌者弗与"，是说善胜敌者不用跟对手交锋，即所谓"不战而屈人之兵，善之善者也"（《孙子·谋攻》）。"与"，各本作"与"，唯傅本作"争"，作"争"是通俗化。

"善用人者为之下"，是说善为人下，人乐为之用。

"是谓不争之德"，"不武""不怒""弗与""为之下"，都是与人无争。

"是谓用人"，是谓得人之用。今本作"是谓用人之力"，则加字以具体化。

"是谓配天"，是谓合天之道。

"古之极也"，古代武德的顶峰。

1　顾颉刚《武士与文士之蜕化》，收入《史林杂识》初编，北京：中华书局，1963年，85—91页。

2　李零《战争启示录》，收入《花间一壶酒》，北京：同心出版社，2005年，100—125页。

第七十一章 （今本第六十九章）

用兵有言曰：吾不敢为主而为客，吾不〔敢〕进寸而退尺。是谓行无行，攘无臂，执无兵，乃无敌矣。祸莫大于无敌，无敌，近亡吾宝矣。故称兵相若，则哀者胜矣。

【大义】

此章也是论兵。作者的意思分三层：一层意思是，古人讲，作战双方，一方是攻方，一方是守方，一方咄咄逼人，一方节节退让，最好作后一种；另一层意思是，打仗不能没有敌人，如果没有敌人，就是有天大的本事也白搭，再好的军队，再好的武器，再好的地形，都无所用之；还有一层意思是，如果有敌人，即使敌我实力相当，也是以哀礼看待用兵的一方取胜。（哀兵必胜）

【讨论】

"用兵有言"，说明这是兵家的成说。《老子》和《墨子》一样，都是讲守势兵法，保全自己的兵法，和《孙子》不一样。

"吾不敢为主而为客，吾不敢进寸而退尺"，《孙子·九地》讲主客，偏爱为客。其概念是，我入敌国，则敌为主，我为客；敌入我国，则我为主，敌为客，客是进攻的一方。但这里是以进攻的一方为主，退守的一方为客。进攻好，还是防守好？历来有争论。今本《孙子》的《形》篇有一句话，作"守则不足，攻则有余"，银雀山汉简本正好相反，作"守则有余，攻则不足"。后者是早期文本的本来面貌。西方的兵家也有这种说法。例如克劳塞维茨说，据守比夺取容易，防御比进攻容易，"这种由抵御和据守带来的优点包含在一切防御的性质中。这一优点在生活的其他领域中，特别是在同战争非常近似的诉讼中，已经由'占有者得利'这一拉丁谚语肯定下来了。另一个纯粹是战争本身带来的优点是地形之利，它是防御者可以优先享用的利益"。[1]第二个"敢"字，甲本脱，据乙本补。

"行无行"，想走路却没有路。前一"行"字是行走的行，后一"行"字是作道路讲的行。

"攘无臂"，想揎拳捋袖伸胳膊却没有胳膊。

"执无兵"，想手执兵器却没有兵器。

"祸莫大于无敌"，这是兵家的至理名言。"无敌"，今本作"轻敌"，意思有变化。

1　克劳塞维茨《战争论》，中国人民解放军军事科学院译，北京：商务印书馆，1978年，第二卷，476页。

"称兵相若"，这里指敌我实力相当。"称兵"，古书出现比较多，如《左传》襄公二十三年、二十七年，《礼记·月令》，称可训举，这里是举兵的意思。今本作"抗兵相加"，可能是先换"若"为"如"，再误"如"为"加"。"抗兵"，古书少见，《魏书·刘休宾传》提到"升城犹能抗兵累旬"，是抵抗之义，但抗亦可训举。

"近亡吾宝"，今本作"几丧吾宝"。"几"，是见母微部字，"近"是见母文部字，音近义同。"亡"，楚简亡字有两种用法，一种当有无之无的亡，一种当丧亡之亡的亡，前者作亡，后者是以丧字的省体表示，可以换作丧。这里的"吾宝"，疑即上第69章的"我恒有三宝"。

"则哀者胜矣"，参看第31章。第31章说，兵事是凶事，要以丧礼视之，"杀人众，以悲哀泣之；战胜，以哀礼处之"。此话，后来变成成语"哀兵必胜"。

第七十二章 （今本第七十章）

吾言甚易知也，甚易行也，而人莫之能知也，而莫之能行也。言有宗，事有君。夫唯无知也，是以不我知。知我者希，则我贵矣。是以圣人被褐而怀玉。

【大义】

作者说，理解他的人太少。他的话都是有根有据，本来很容易懂，也很容易照着做，可惜很多人太傻，不能理解，也不能照着做。他说，理解我的人越少，说明我的话越可贵，就像圣人穿着破衣裳，却怀揣着宝玉。（理解者太少）

【讨论】

"言有宗，事有君"，是说我说话，我做事，都有所本，不是胡说八道。所谓"宗"，所谓"君"，都是指有根有据。

"唯无知也，是以不我知"，意思是，正因为他们太无知，才不能理解我。

"知我者希，则我贵矣"，是说理解我的人越少，正说明我的价值越高。"希"是稀少。

　　"是以圣人被褐而怀玉","圣人"是理想的统治者；"褐"音hè，粗布衣裳。圣人常常不被理解，就像外边披件破衣裳，里边揣着宝玉。

第七十三章 （今本第七十一章）

知不知，上矣。不知（不）知，病矣。是以圣人之不病，以其病病，是以不病。

【大义】

知道自己不知道什么，最好；不知道自己知道什么，是大毛病。圣人不犯这种毛病，是因为他把毛病当作毛病，所以不犯这种毛病。（知不知与不知知）

【讨论】

这段话很好玩，有点像绕口令，"上"字和后面的四个"病"字都是押阳部韵。《论语·为政》2.17："子曰：'由！诲女（汝）知之乎？知之为知之，不知为不知，是知也。'"也像绕口令，不但形式相似，内容也有可比性。

"不知知，病矣"，"不知知"，甲本"不"下误点重文号，今据乙本、今本改正。今本此下多出"夫唯病病，是以病病"。《潜夫论·思贤》有这两句，或即所本。

"是以圣人之不病，以其病病，是以不病"，《韩非

子·喻老》"病病"作"不病","不病"作"无病",今本删
"是以"。

《庄子·齐物论》也有一段话是讨论这个问题，啮缺问
王倪，有三个问题。第一，万物是不是有一样的标准？王倪
说，我怎么知道？第二，你知道你不知道什么吗？王倪说，
我怎么知道？第三，万物不能互相理解吗？王倪说，我怎么
知道？三问三不知。他说，我也想试着讲一讲，但我怎么
知道我知道的就一定不是我不知道的，我不知道的就一定
不是我知道的呢。孔子也喜欢说"不知"，但并非真的不知
道，而是知道也不告诉你，借以表示不满（参看《论语·八
佾》3.11）。

在认知的问题上，我们最难知道的是我们不知道什么，
因而也难以分清已知和未知的界限。

第七十四章 （今本第七十二章）

民之不畏威（危），则大威（危）将至矣。毋狎（狭）其所居，毋厌（压）其所生。夫唯弗厌（压），是以不厌。是以圣人自知而不自见也，自爱而不自贵也。故去彼取此。

【大义】

《老子》对他生活的世界有恐惧感，特别是害怕老百姓造反。作者说，一旦老百姓不怕危险，大危险就会来临。统治者不要让他们住得太狭窄，不要让他们活得太窘迫。只有你不压迫他们，他们才不会抛弃你。圣人有自知之明，并不向别人炫耀自己；自己爱惜自己，并不自以为了不起。他选择的是自知自爱，而不是炫耀虚荣。（**民不畏危**）

【讨论】

"民之不畏威，则大威将至矣"，"威"，通危。

"毋狎（狭）其所居，毋厌其所生"，不要使他们的居住环境太狭窄，不要使他们的生活太窘迫。"狎"，帛书甲本作"闸"，乙本作"仰"，王本、傅本作"狎"，河本作

"狭"，严本作"挟"，这里读为狭。"厌"，与压通，既有压迫之义，也有厌弃之义，这里读压，为压迫之义。

"夫唯弗厌，是以不厌"，上"厌"读压，与上相承；下"厌"读厌，表示厌弃。如第66章"天下乐推而弗厌也"的"厌"就是厌弃之义。这两句，后句为了押韵，故意省去宾语。

"是以圣人自知而不自见也，自爱而不自贵也"，所以圣人有自知之明，但并不表现自己；自己尊重自己，但并不以为有什么了不起。

"去彼取此"，见第12、38章。

第七十五章 （今本第七十三章）

勇于敢者则杀，勇于不敢者则活，此两者或利或害。天之所恶，孰知其故？天之道，不战而善胜，不言而善应，不召而自来，坦而善谋。天网恢恢，疏而不失。

【大义】

此章是论兵，也跟怕死不怕死的问题有关。作者认为，战场上的吉凶祸福很难预料，勇于拼命杀敌的可能被杀，勇于保护自己的可能活下来，两种选择各有利弊。老天的心思是什么，它讨厌哪一种，谁也不知道，但它喜欢什么，却清清楚楚。它喜欢的是不跟敌人交战却善于取胜的人，不下命令却能得到士兵响应的人，不召敌人来敌人却自动来的人，以及襟怀坦荡而长于计谋的人。老天是公平的，天网恢恢，看似疏漏，却什么也漏不掉，死生祸福由天意，冥冥之中，一切自有安排。（天网恢恢，疏而不失）

【讨论】

"勇于敢者则杀，勇于不敢者则活，此两者或利或害"，战争的目的是消灭敌人，保存自己，要达到这两个目标，就要该胆大时胆大，该胆小时胆小，既不要无端送命，也不可一味求生。两种选择，各有利弊，哪种更好，很难说。

"天之所恶，孰知其故"，到底拼命是老天所恶，还是怕死是老天所恶，很难知道。这两句下，今本增加"是以圣人犹难之"，意思是圣人都很难知道。

"天之道，不战而善胜，不言而善应，不召而自来，坦而善谋"，这几句，可参看《孙子》的三段话。《孙子·谋攻》"是故百战百胜，非善之善者也；不战而屈人之兵，善之善者也"，就是这里的"不战而善胜"；《九地》"施无法之赏，悬无政之令。犯三军之众，若使一人。犯之以事，勿告以言；犯之以利，勿告以害"，就是这里的"不言而善应"；《虚实》"故善战者，致人而不致于人。能使敌人自至者，利之也；能使敌人不得至者，害之也"，就是这里的"不召而自来"。"不召而自来"，帛书乙本"不"作"弗"，甲本和今本一样。"坦而善谋"，是对生死坦然，又长于计谋。"坦"，帛书甲本作"弹"，乙本作"单"，河本、王本作"繟"，严本作"坦"，傅本作"默"。"弹""单""繟"是"坦"字的通假字，"默"字则很可能是"壥"字之误。

"天网恢恢，疏而不失"，今语作"天网恢恢，疏而不漏"。

第七十六章 （今本第七十四章）

若民恒且不畏死，奈何以杀惧之也？若使民恒且畏死
而为奇者，吾得而杀之，夫孰敢矣？若民恒且必畏死，则恒
有司杀者。夫代司杀者杀，是代大匠斲也。夫代大匠斲者，
则希不伤其手矣。

【大义】

这是讲老百姓不怕死怎么办。一是什么情况下可杀，
二是杀什么人，三是谁来杀。作者说，如果老百姓连死都不
怕，你拿杀头吓唬他们有什么用？不能杀。如果他们怕死，
当然可以杀，但不能滥杀，只要把作乱的杀掉，其他人就不
敢作乱。杀人，不能自己杀，要交专管杀人的人去杀，用不
着自己动手。代替杀人的人去杀，就像不懂木匠活的替木匠
斫木头，不伤自己的手才怪。他强调的是，在杀人的问题
上，也要无为，第一，不能随便杀，杀是为了吓唬老百姓；
第二，不能直接杀。（民不畏死）

【讨论】

"若民恒且不畏死，奈何以杀惧之也"，如果老百姓不怕死，而且是彻头彻尾、确确实实不怕死，统治者拿杀头吓唬他们，又有什么用？这里，"恒且不"是一种强调的语气。今本省"恒且"，"杀"作"死"。《尹文子·大道下》"民不畏死，如何以死惧之"，或即所本。

"若使民恒且畏死而为奇者，吾得而杀之，夫孰敢矣"，如果老百姓怕死，而且是彻头彻尾、确确实实怕死，假使他们敢犯上作乱？我把他们抓起来杀掉，谁还敢作乱？今本"畏"上是"常"字，没有"且"字。"吾得而杀之"，河本、严本、王本作"吾得执而杀之"，傅本作"吾得而杀之"。"为奇"，是不守规矩、犯上作乱的意思。

"若民恒且必畏死，则恒有司杀者"，如果老百姓怕死，而且是彻头彻尾、确确实实怕死，肯定而无疑，则自有管杀人的人去杀，根本用不着我动手去杀。"必"字也是用以加强肯定的语气。今本无第一句。

"斲"，音zhuó，用斤（锛子）斫木材。

"希"，同稀，是少有的意思。

第七十七章 （今本第七十五章）

人之饥也，以其取食税之多也，是以饥。百姓之不治也，以其上有以为也，是以不治。民之轻死，以其求生之厚也，是以轻死。夫唯无以生为者，是贤贵生。

【大义】

此章也是讨论老百姓不怕死的问题。上面是讲对付老百姓不怕死的办法，这里是分析老百姓不怕死的原因。老百姓，本来老老实实，怎么会闹到连死都不怕，起而造反作乱？这是统治者极其头疼的事情。老百姓为什么不怕死？原因很简单，他们求生心切，太想活。作者说，人之所以饿肚子，是因为粮食税抽得太多。老百姓之所以难管理，是因为上面太能瞎折腾，总是烦扰老百姓。人民不怕死，是因为求生的愿望太强烈。只有连起码的生存都维持不下去，他们才会觉得，死了也比活着强。（民不怕死）

【讨论】

这段话讲得太好，分析很透彻。可惜的是，旧本多误，旧注多失，常常把"其"和"其上"搞混。原文"其"是指老百姓，"其上"是指老百姓上边的统治者，本来很清楚，但今本强求统一，每于"其"下乱加"上"字，造成文义混乱。今得帛书本，可以纠正今本的错误，澄清历来的误解。

"人之饥也"，河本、王本、傅本作"民之饥也"，严本作"人之饥也"。《后汉书·郎颛传》亦作"人之饥也"，"民"是避唐太宗讳改字。

"以其取食税之多也"，今本为求与下文统一，在"其"下加了"上"字。这里的"其"是"人"，即下文的"百姓"和"民"，不是指统治者。"取食税"是被取食税。

"百姓之不治也，以其上有以为也，是以不治"，两"不治"，今本作"难治"。"难治"是难以治，还不是根本没治，程度不一样。

"民之轻死，以其求生之厚也，是以轻死。夫唯无以生为者，是贤贵生"，"轻死"是不怕死，即上一章的"不畏死"；"求生之厚"是厚生，下文叫"贵生"。"贵生"与"轻死"相对，是重生的意思。我们要注意，这几句话的主语都是"民"，而不是统治者。历来的解释，多把后几句的主语当成统治者，傅本甚至把"其"改成"其上"，与上文统一。这样一改，意思就变了。很多人都以为，原文是说，民之轻死，在于统治者贵生，统治者只有不贵生，才胜于贵生。其实，从帛书本看，正好相反，它是说，百姓轻死，以其贵生，只缘无以为生，他们才轻死，视轻死胜于贵生。旧注多失。河上公注："人民轻犯死者，以其求生活之道太厚，贪利以自危，以求生太厚之故，轻入死地也。"它把人民轻死的原因说成贪利，虽然不对，但对主语的理解是对的。严遵说得更清楚："在所欲存，俱过于世，或如彼，或如此。恍恍惚惚，存不如亡，生不如死。志勇胆横，瞋目相视。君臣相谋，父子相揆。汤镬不能畏，铁钺不能止。民之所以细其命而大财宝，乘危狭，触重禁，赴白刃，冒流矢，不顾其身，得利为右者，以其欲名之荣而求生之厚也。"

第七十八章 （今本第七十六章）

人之生也柔弱，其死也筋肕坚强。万物草木之生也柔脆，其死也枯槁。故曰：坚强者，死之徒也；柔弱（微细），生之徒也。兵强则不胜，木强则（恒）〔僵〕。强大居下，柔弱居上。

【大义】

人活着的时候，浑身是软的；死了，才硬邦邦。草木活着的时候，非常细嫩；死了，才干黄枯槁。可见坚强的东西，往往是死了的东西；活着的，反而是柔弱的东西。兵强会导致失败，木强会导致僵硬。故强大的多半在下边，柔弱的多半在上边。（*刚强不如柔弱*）

【讨论】

"筋肕"，"肕"音 rèn，坚肉。

"脆"有柔软之义。

"坚强者，死之徒也；柔弱，生之徒也"，"徒"是类属之义。"柔弱"下，甲本多出"微细"二字，乙本、今本只作"柔弱"，疑抄写者把上文"脆"读为"毳"，故增"微细"以解之，其实是衍文。参看第50章："出生入死。生之徒十有三，死之徒十有三，而民生生，动皆之死地之十有三。"

"兵强则不胜，木强则（恒）〔僵〕"，末字，甲本作"恒"，乙本作"竞"，观上下文可知，这里是押阳部韵，疑甲本原作"僵"，形近讹为"恒"，乙本则是"僵"的通假字。这个字，王本作"兵"，俞樾以为"折"字之误（《诸子平议》）。河本、严本、傅本作"共"，则是"兵"字之讹。《文子·道原》《淮南子·原道》《列子·黄帝》作"兵强则灭，木强则折"，是另一种文本。

"强大居下，柔弱居上"，第61章："大邦者，下流也，天下之牝。天下之交也，牝恒以静胜牡。为其静也，故宜为下。"

第七十九章 （今本第七十七章）

天之道，犹张弓者也，高者抑之，下者举之；有余者损之，不足者补之。故天之道，损有余而补不足；人之道，则不然，损不足而奉有余。孰能有余而有以取奉于天者乎？唯有道者乎？是以圣人为而弗有，成功而弗居也。若此，其不欲见贤也。

【大义】

天有天道，人有人道。天之道，是损有余而补不足，就像张弓，你一扣弦，弓背的上半截就会朝下弯，下半截就会向上翘，这叫"高者抑之，下者举之"。人之道，正好相反，是损不足而献有余。作者说，有谁能把有余的东西献给老天吗？恐怕只是有道者吧？圣人都是只做好事，没有占有欲，不但不要多余的财产，连功名也不要。他们之所以这样，就是怕人以为了不起。（天道和人道）

【讨论】

"天之道，犹张弓者也，高者抑之，下者举之"，这段话，多少人解释，全没看懂。其实，道理很简单，弓这个东西，你只要一拉，上半截就会朝下弯，下半截就会朝上弯，弓背的两端，比起原来的高度，上边的就降低了，下边的就升高了。孔子主张"和而不同"（《论语·子路》13.23），老子也不讲大同。他的态度是，社会的两极，高的应该压一压，低的应该抬一抬，把差距适当调节一下。他并不打算把两者拉平。弓，如果上下拉平，弓背就折了。

"故天之道，损有余而补不足；人之道，则不然，损不足而奉有余"，前两句，是重复上文的"天之道……有余者损之，不足者补之"；后两句，意思正好相反，但"奉"和"补"不一样，不是补充，而是奉献。这几句话，真是洞穿古今。中国历史上，老百姓造反，大旗上写着"替天行道"。天道是什么？就是"损有余而补不足"。人类社会太缺德，总是劫贫济富，"损不足而奉有余"，但缺德缺到头，事情就反过来了。这时候，就会有人出来，借老天爷讲话：既然你们劫贫济富，我们就要劫富济贫。

"孰能有余而有以取奉于天者乎？唯有道者乎"，这是问，有谁财富太多，良心过意不去，肯拿出来交给老天吗？恐怕只是"有道者"吧？上句，河本、王本作"孰能有余以奉天下"，严本作"孰能损有余而奉天下"，傅本作"孰能损有余而奉不足于天下者"，"损"字是后加，它们的区别主要是，把"天者"改成"天下"。

"是以圣人为而弗有，成功而弗居也"，这里，《老子》也是拿圣人说事。"弗有"，今本作"不恃"。"弗居"，今本作"不处"。

"若此，其不欲见贤也"，今本无"若此"。

第八十章 （今本第七十八章）

天下莫柔弱于水，而攻坚强者，莫之能胜也，以其无以易之也。水之胜刚，弱之胜强，天下莫弗知也，而莫能行也。故圣人之言云。曰：受邦之垢，是谓社稷之主；受邦之不祥，是谓天下之王。正言若反。

【大义】

天下没有什么东西比水还柔弱，但也没有什么东西可以代替它，比它更能克服坚硬的东西。这种以柔克刚，以弱胜强的道理，天下没人不知，无人不晓，但没人会照着做。圣人说，只有为国家包羞忍耻，承受不祥的人，才能成为社稷之主、天下之王。（柔弱胜刚强）

【讨论】

此章强调柔弱胜刚强，是以水为喻。

"天下莫柔弱于水，而攻坚强者，莫之能胜也，以其无以易之也"，滴水可以穿石，沧海桑田，山形水势，很多地形地貌的改变，都和水有关，即使琢玉，也要用解玉砂，借助水流，没有什么比它更厉害，可以代替它。"胜"，帛书两本俱缺，河本、王本作"胜"，傅本作"先"。第一句，各本大致相同，唯河本作"天下柔弱，莫过于水"。

"水之胜刚，弱之胜强，天下莫弗知也，而莫能行也"，参看上第72章，"吾言甚易知也，甚易行也，而人莫之能知也，而莫之能行也"，这里是讲不知"道"的傻瓜。"水"，甲本缺，这里是据乙本补。这两句，河本、王本作"弱之胜强，柔之胜刚"，顺序颠倒；严本作"夫水之胜强，柔之胜刚"，句首有"水"字，同于乙本，但两句的顺序也是颠倒的；傅本作"柔之胜刚，弱之胜强"，顺序同于帛书本，但没有"水"字。

"故圣人之言云"，是指下面的话。王本、河本无"之言"。

"曰：受邦之垢，是谓社稷之主；受邦之不祥，是谓天下之王"，是说忍辱负重，敢于承担风险，才能成其大事。"社稷之主"，是一国之主，"天下之王"，是天下共主。

"正言若反"，乱世，是非颠倒，正话变反话，实在搞不清，你就把正话当反话，反话当正话，没准，八九不离十。

第八十一章 （今本第七十九章）

和大怨，必有余怨，焉可以为善？是以圣人执（右）〔左〕契，而不以责于人。故有德司契，无德司彻。夫天道无亲，恒与善人。

【大义】

《老子》说，平息大怨，往往仍有余怨，好像我反而欠着他。最好的办法，是像圣人那样，拿着债券，却并不讨债，让对方感到，他欠着我。有德的人是拿着债券的人，无德的人是直接讨债的人。天道于人无所厚薄，但它更喜欢的还是"善人"。（宁人负我，毋我负人）

【讨论】

"和大怨，必有余怨，焉可以为善"，深仇大恨，很难彻底平息，和好之后，往往还有余怨，怎么办才好？"焉"，今本作"安"，"善"是妥善。

"是以圣人执（右）〔左〕契，而不以责于人"，"右契"，甲本如此，乙本、今本作"左契"，应作"左契"。契约，现在是一式两份。古代刻木为契，一剖两半，契口和契口必须能对起来。执左契的，是债权人；执右契的，是负债人。"责"，与债同源，这里指讨债。《老子》认为，消除怨恨的最好办法是并不责怪对方，让对方欠着自己，就像拿着左契却并不讨债，俗话叫感情放债。曹操有一句名言，"宁我负人，毋人负我"（《三国志·魏志·武帝纪》注引《魏书》）。反过来讲，是"宁人负我，毋我负人"。这里讲的，就是让人家欠着自己。

"故有德司契，无德司彻"，"彻"，旧说是周代的彻法，即按1/10的比例抽农业税的制度。彻，古文字，像用手把一只鬲拿开，和后来的"撤"是同一字。司契是不取，司彻是取，正好相反。《老子》以无为用，当然是不取。

"夫天道无亲，恒与善人"，"天道无亲"是不以人的愿望为转移，"恒与善人"是说总是有利于善人。"善人"是好人。这个词，又见第8、27、62章。这是《老子》宣道的心理学设计。一般人相信，天道很神秘，非人力所能左右，《老子》说"天道无亲"，可以符合这种信仰；一般人期望，好人有好报，吃小亏可以占大便宜，《老子》说"恒与善人"，也可以满足这种愿望。《说苑·敬慎》引《金人铭》有"天道无亲，常与善人"等语（又见《孔子家语·观周》），或即所本。[1]《后汉书·袁绍传》引此，云出《太公金匮》。

1　郑良树《〈金人铭〉与〈老子〉》，收入他的《诸子著作年代考》，12—20页。

附录

附录一　老子传记资料

先秦古书言及老子、老聃、老莱子和周太史儋，主要有八本书：《大戴礼》《礼记》《庄子》《文子》《荀子》《韩非子》《吕氏春秋》《战国策》，而八书中又以《庄子》谈得最多。另外，《列子》，还有《淮南子》《史记》《汉书》《说苑》等书也有一些记载。下面是有关资料（画线处为《老子》引文）。

一　《庄子》中的老子和老莱子

（一）老子或老聃

老聃死，秦失吊之，三号而出。弟子曰："非夫子之友邪？"

曰："然。"

"然则吊焉若此，可乎？"

曰："然。始也吾以为其人也，而今非也。向吾入而吊焉，有老者哭之，如哭其子；少者哭之，如哭其母。彼其所以会之，必有不蕲言而言，不蕲哭而哭者。是遯（遁）天倍（背）情，忘其所受，古者谓之遯（遁）天之刑。适来，夫子时也；适去，夫子顺也。安时而处顺，哀乐不能入也，古者谓是帝之县解。"

指穷于为薪，火传也，不知其尽也。（《内篇·养生主》）

鲁有兀者叔山无趾，踵见仲尼。仲尼曰："子不谨，前既犯患若是矣。虽今来，何及矣！"

无趾曰："吾唯不知务，而轻用吾身，吾是以亡足。今吾来也，犹有尊足者存，吾是以务全之也。夫天无不覆，地无不载，吾以夫子为天地，安知夫子之犹若是也！"

孔子曰："丘则陋矣。子胡不入乎，请讲以所闻！"

无趾出。孔子曰："弟子勉之！夫无趾，兀者也，犹务学，以复补前行之恶，而况全德之人乎！"

无趾语老聃曰："孔丘之于至人，其未邪？彼何宾宾以学子为？彼且蕲以諔诡幻怪之名闻，不知至人之以是为己桎梏邪？"

老聃曰："胡不直使彼以死生为一条，以可不可为一贯者，解其桎梏，其可乎？"

无趾曰："天刑之，安可解！"（《内篇·德充符》）

阳子居见老聃，曰："有人于此，向疾强梁，物彻疏明，学道不勌。如是者，可比明王乎？"

老聃曰："是于圣人也，胥易技系，劳形怵心者也。且曰虎豹之文来田，猨狙之便、执斄（狸）之狗来藉。如是者，可比明王乎？"

阳子居蹴然曰："敢问明王之治。"

老聃曰："明王之治，功盖天下，而似不自己；化贷万物，而民弗恃；有莫举名，使物自喜；立乎不测，而游于无有者也。"（《内篇·应帝王》）

崔瞿问于老聃曰："不治天下，安藏人心？"

老聃曰："女（汝）慎无撄人心。人心排下而进上，上下囚杀，淖约柔乎刚彊。廉刿彫琢，其热焦火，其寒凝冰。其疾俯仰之间，而再抚四海之外，其居也渊而静，其动也悬而天。偾骄而不可系者，其唯人心乎！

"昔者黄帝始以仁义撄人之心，尧、舜于是乎股无胈，胫无毛，以养天下之形，愁其五藏（脏），以为仁义，矜其血气，以规法度，然犹有不胜也。尧于是放讙兜于崇山，投三苗于三峗，流共工于幽都，此不胜天下也。夫施及三王而天下大骇矣。下有桀、跖，上有曾、史，而儒、墨毕起。于是乎喜怒相疑，愚知（智）相欺，善否相非，诞信相讥，而天下衰矣；大德不同，而性命烂漫矣；天下好知（智），而百姓求竭矣。于是乎釿锯制焉，绳墨杀焉，椎凿决焉。天下脊脊大乱，罪在撄人心。故贤者伏处大山嵁岩之下，而万乘之君忧慄乎庙堂之上。

"今世殊死者相枕也，桁杨者相推也，刑戮者相望也，而儒、墨乃始离跂攘臂乎桎梏之间。意，甚矣哉！其无愧而不知耻也甚矣！吾未知圣知（智）之不为桁杨椄槢也，仁义之不为桎梏凿枘也，焉知曾、史之不为桀、跖嚆矢也！故曰：'绝圣弃知，而天下大治。'"
（《外篇·在宥》）

> 案："上有曾、史，而儒、墨毕起"，分明是孔子死后才有的局面。冯友兰说，这段话倒更符合老聃的时代。[1]

夫子问于老聃曰："有人治道若相放，可不可，然不然。辩者有言曰，'离坚白若县寓。'若是则可谓圣人乎？"

老聃曰："是胥易技系、劳形怵心者也。执留（狸）之狗（成思）〔来田〕，猿狙之便（自山林）来〔藉〕。丘，予告若，而（尔）所不能闻与而（尔）所不能言。凡有首有趾无心无耳者众，有形者与无形无状而皆存者尽无。其动止也，其死生也，其废起也，此又非其所以也。有治在人，忘乎物，忘乎天，其名为忘己。忘己之人，是之谓入于天。"（《外篇·天地》）

1　冯友兰《中国哲学史新编》上卷，北京：人民出版社，1998年，310页。

孔子西藏书于周室。子路谋曰："由闻周之征藏史有老聃者，免而归居，夫子欲藏书，则试往因焉。"

孔子曰："善。"往见老聃，而老聃不许，于是繙十二经以说。

老聃中其说，曰："大谩，愿闻其要。"

孔子曰："要在仁义。"

老聃曰："请问仁义，人之性邪？"

孔子曰："然。君子不仁则不成，不义则不生。仁义，真人之性也，又将奚为矣？"

老聃曰："请问何谓仁义？"

孔子曰："中心物恺，兼爱无私，此仁义之情也。"

老聃曰："意（噫），几乎后言！夫兼爱，不亦迂乎！无私焉，乃私也。夫子若欲使天下无失其牧乎，则天地固有常矣，日月固有明矣，星辰固有列矣，禽兽固有群矣，树木固有立矣。夫子亦放德而行，循道而趋，已至矣；又何偈偈乎揭仁义，若击鼓而求亡子焉？意（噫），夫子乱人之性也！"（《外篇·天道》）

士成绮见老子而问曰："吾闻夫子圣人也，吾固不辞远道而来愿见，百舍重趼（茧）而不敢息。今吾观子，非圣人也。鼠壤有余蔬（糈），而弃妹（藐）之者，不仁也，生熟不尽于前，而积敛无崖。"

老子漠然不应。

士成绮明日复见，曰："昔者吾有刺于子，今吾心正却矣，何故也？"

老子曰："夫巧知（智）神圣之人，吾自以为脱焉。昔者子呼我牛也而谓之牛，呼我马也而谓之马。苟有其实，人与之名而弗受，再受其殃。吾服也恒服，吾非以服有服。"

士成绮雁行避影，履行，遂进而问："修身若何？"

老子曰："而（尔）容崖然，而（尔）目冲然，而（尔）颡頯然，而（尔）口阚然，而（尔）状义（峨）然，似系马而止也。动

而持，发也机，察而审，知（智）巧而睹于泰，凡以为不信。边竟（境）有人焉，其名为窃。"（《外篇·天道》）

孔子行年五十有一而不闻道，乃南之沛，见老聃。

老聃曰："子来乎？吾闻子，北方之贤者也，子亦得道乎？"

孔子曰："未得也。"

老聃曰："子恶乎求之哉？"

曰："吾求之于度数，五年而未得也。"

老子曰："子又恶乎求之哉？"

曰："吾求之于阴阳，十有二年而未得。"

老子曰："然，使道而可献，则人莫不献之于其君；使道而可进，则人莫不进之于其亲；使道而可以告人，则人莫不告其兄弟；使道而可以与人，则人莫不与其子孙。然而不可者，无佗也，中无主而不止，外无正而不行。由中出者，不受于外，圣人不出；由外入者，无主于中，圣人不隐。名，公器也，不可多取。仁义，先王之蘧庐也，止可以一宿，而不可久处，觏而多责。

"古之至人，假道于仁，托宿于义，以游逍遥之墟，食于苟简之田，立于不贷之圃。逍遥，无为也；苟简，易养也；不贷，无出也。古者谓是采真之游。

"以富为是者，不能让禄；以显为是者，不能让名；亲权者，不能与人柄。操之则慄，舍之则悲，而一无所鉴，以阚（窥）其所不休者，是天之戮民也。怨恩、取与、谏教、生杀，八者，正之器也，唯循大变无所湮者，为能用之。故曰，正者正也。其心以为不然者，天门弗开矣。"（《外篇·天运》）

孔子见老聃而语仁义。老聃曰："夫播（簸）穅眯目，则天地四方易位矣；蚊虻嘈肤，则通昔（夕）不寐矣。夫仁义憯（惨）然，乃（愦）〔愦〕吾心，乱莫大焉。吾子使天下无失其朴，吾子亦放风而动，总德而立矣，又奚杰〔杰然揭仁义〕，若负建鼓而求亡子者邪！夫鹄不日浴而白，乌不日黔而黑。黑白之朴，不足以为辩；名誉之观，不足以为广。泉涸，鱼相与处于陆，相呴以湿，相濡以沫，不若相忘于江湖！"

孔子见老聃归，三日不谈。弟子问曰："夫子见老聃，亦将何规哉？"

孔子曰："吾乃今于是乎见龙！龙，合而成体，散而成章，乘云气而养乎阴阳。予口张而不能嗋，予又何规老聃哉！"

子贡曰："然则人固有尸居而龙见，雷声而渊默，发动如天地者乎？赐亦可得而观乎？"遂以孔子声见老聃。

老聃方将倨堂而应，微曰："予年运而往矣，子将何以戒我乎？"

子贡曰："夫三王（皇）五帝之治天下不同，其系声名一也。而先生独以为非圣人，如何哉？"

老聃曰："小子少进！子何以谓不同？"

对曰："尧授舜，舜授禹，禹用力而汤用兵，文王顺纣而不敢逆，武王逆纣而不肯顺，故曰不同。"

老聃曰："小子少进！余语汝三皇五帝之治天下。黄帝之治天下，使民心一，民有其亲死不哭，而民不非也。尧之治天下，使民心亲，民有为其亲杀其杀，而民不非也。舜之治天下，使民心竞，民孕妇十月生子，子生五月而能言，不至乎孩而始谁，则人始有夭矣。禹之治天下，使民心变，人有心而兵有顺，杀盗非杀人，自为种而天下耳，是以天下大骇，儒、墨皆起。其作始有伦，而今乎（妇）〔归〕，女（汝）何言哉！余语汝三皇五帝之治天下，名曰治之，而乱莫甚焉。三皇之知（智），上悖日月之明，下睽山川之精，中堕四时之施。其知（智）憯于蛎虿之尾，鲜规之兽，莫得安其性命之情者，而犹自以为圣人，不可耻乎，其无耻也？"

子贡蹴蹴然，立不安。（《外篇·天运》）

孔子谓老聃曰："丘治《诗》《书》《礼》《乐》《易》《春秋》六经，自以为久矣，孰知其故矣；以奸者七十二君，论先王之道而明周、召之迹，一君无所钩用。甚矣夫！人之难说也！道之难明邪？"

老子曰："幸矣子之不遇治世之君也！夫六经，先王之陈迹也，岂其所以迹哉！今子之所言，犹迹也。夫迹，履之所出，而迹岂履哉！夫白鶂之相视，眸子不运而风化；虫，雄鸣于上风，雌应于下风而风化；类自为雌雄，故风化。性不可易，命不可变，时不可止，道不可壅。苟得于道，无自而不可；失焉者，无自而可。"

孔子不出三月，复见曰："丘得之矣。乌鹊孺，鱼傅沫，细要者化，有弟而兄啼。久矣夫丘不与化为人！不与化为人，安能化人！"

老子曰："可。丘得之矣！"（《外篇·天运》）

孔子见老聃，老聃新沐，方将被发而干，慹然似非人。孔子便而待之，少焉见，曰："丘也眩与，其信然与？向者先生形体掘若槁木，似遗物离人而立于独也。"

老聃曰："吾游心于物之初。"

孔子曰："何谓邪？"

曰："心困焉而不能知，口辟焉而不能言，尝为汝议乎其将。至阴肃肃，至阳赫赫。肃肃出乎天，赫赫发乎地，两者交通成和，而物生焉，或为之纪，而莫见其形。消息满虚，一晦一明，日改月化，日有所为，而莫见其功。生有所乎萌，死有所乎归，始终相反乎无端，而莫知乎其所穷。非是也，且孰为之宗！"

孔子曰："请问游是。"

老聃曰："夫得是，至美至乐也，得至美而游乎至乐，谓之至人。"

孔子曰："愿闻其方。"

曰："草食之兽，不疾易薮，水生之虫，不疾易水，行小变而不失其大常也，喜怒哀乐不入于胸次。夫天下也者，万物之所一也。

得其所一而同焉，则四支（肢）百体，将为尘垢，而死生终始，将为昼夜，而莫之能滑，而况得丧祸福之所介乎！弃隶者，若弃泥涂，知身贵于隶也，贵在于我，而不失于变。且万化而未始有极也，夫孰足以患心！已为道者解乎此。"

孔子曰："夫子德配天地，而犹假至言以修心，古之君子，孰能脱焉？"

老聃曰："不然。夫水之于汋也，无为而才自然矣。至人之于德也，不修而物不能离焉，若天之自高，地之自厚，日月之自明，夫何修焉！"

孔子出，以告颜回曰："丘之于道也，其犹醯鸡与！微夫子之发吾覆也，吾不知天地之大全也。"（《外篇·田子方》）

孔子问于老聃曰："今日晏间，敢问至道。"

老聃曰："汝齐戒，疏瀹而（尔）心，澡雪而（尔）精神，掊击而（尔）知（智）！夫道，窅然难言哉！将为汝言其崖略。"

"夫昭昭生于冥冥，有伦生于无形，精神生于道，形本生于精。而万物以形相生，故九窍者胎生，八窍者卵生。其来无迹，其往无崖，无门无房，四达之皇皇也。邀于此者，四肢彊，思虑恂达，耳目聪明。其用心不劳，其应物无方。天不得不高，地不得不广，日月不得不行，万物不得不昌，此其道与！

"且夫博之不必知，辩之不必慧，圣人以断之矣。若夫益之而不加益，损之而不加损者，圣人之所保也。渊渊乎其若海，巍巍乎其〔若山〕，终则复始也，运量万物而不匮。则君子之道，彼其外与！万物皆往资焉而不匮，此其道与！

"中国有人焉，非阴非阳，处于天地之间，直且为人，将反于宗。自本观之，生者，暗醷物也，虽有寿夭，相去几何？须臾之说也，奚足以为尧、桀之是非！果蓏有理，人伦虽难，所以相齿。圣人遭之而不违，过之而不守。调而应之，德也；偶而应之，道也；

帝之所兴，王之所起也。

"人生天地之间，若白驹之过郤（隙），忽然而已。注然勃然，莫不出焉；油然漻然，莫不入焉。已化而生，又化而死，生物哀之，人类悲之。解其天弢，堕其天袠，纷乎宛乎，魂魄将往，乃身从之，乃大归乎！不形之形，形之不形，是人之所同知也，非将至之所务也，此众人之所同论也。彼至则不论，论则不至。明见无值，辩不若默。道不可闻，闻不若塞。此之谓大得。"（《外篇·知北游》）

老聃之役有庚桑楚者，偏得老聃之道，以北居畏垒之山，其臣之画然知（智）者去之，其妾之挈然仁者远之，拥肿之与居，鞅掌之为使。居三年，畏垒大穰。畏垒之民相与言曰："庚桑子之始来，吾洒然异之。今吾日计之而不足，岁计之而有余。庶几其圣人乎！子胡不相与尸而祝之，社而稷之乎？"

庚桑子闻之，南面而不释然。弟子异之。庚桑子曰："弟子何异于予？夫春气发而百草生，正得秋而万（宝）〔实〕成。夫春与秋，岂无得而然哉？天道已行矣。吾闻至人，尸居环堵之室，而百姓猖狂，不知所往。今以畏垒之细民而窃窃焉欲俎豆予于贤人之间，我其杓之人邪！吾是以不释于老聃之言。"

弟子曰："不然。夫寻常之沟，巨鱼无所还其体，而鲵鳅为之制；步仞之丘陵，巨兽无所隐其躯，而孽狐为之祥。且夫尊贤授能，先善与利，自古尧、舜以然，而况畏垒之民乎！夫子亦听矣！"

庚桑子曰："小子来！夫函（含）车之兽，介而离山，则不免于网罟之患；吞舟之鱼，砀（荡）而失水，则〔蝼〕蚁能苦之。故鸟兽不厌高，鱼鳖不厌深。夫全其形生之人，藏其身也，不厌深眇而已矣。且夫二子者，又何足以称扬哉！是其于辩也，将妄凿垣墙，而殖蓬蒿也。简发而栉，数米而炊，窃窃乎又何足以济世哉！举贤则民相轧，任知（智）则民相盗。之数物者，不足以厚民。民之于利甚勤，子有杀父，臣有杀君，正昼为盗，日中穴阫。吾语女

（汝），大乱之本，必生于尧、舜之间，其末存乎千世之后。千世之后，其必有人与人相食者也！"（《杂篇·庚桑楚》）

南荣趎蹴然正坐，曰："若趎之年者已长矣，将恶乎托业以及此言邪？"

庚桑子曰："全汝形，抱汝生，无使汝思虑营营。若此三年，则可以及此言矣。"

南荣趎曰："目之与形，吾不知其异也，而盲者不能自见；耳之与形，吾不知其异也，而聋者不能自闻；心之与形，吾不知其异也，而狂者不能自得。形之与形亦辟矣，而物或间之邪，欲相求而不能相得？今谓趎曰：'全汝形，抱（保）汝生，勿使汝思虑营营。'趎勉闻道达耳矣！"

庚桑子曰："辞尽矣。（曰）奔蜂不能化藿蠋，越鸡不能伏鹄卵，鲁鸡固能矣。鸡之与鸡，其德非不同也，有能与不能者，其才固有巨小也。今吾才小，不足以化子。子胡不南见老子！"

南荣趎赢粮，七日七夜，至老子之所。

老子曰："子自楚之所来乎？"

南荣趎曰："唯。"

老子曰："子何与人偕来之众也？"

南荣趎惧然顾其后。

老子曰："子不知吾所谓乎？"

南荣趎俯而惭，仰而叹曰："今者吾忘吾答，因失吾问。"

老子曰："何谓也？"

南荣趎曰："不知乎？人谓我朱愚；知乎？反愁我躯。不仁则害人，仁则反愁我身；不义则伤彼，义则反愁我己。我安逃此而可？此三言者，趎之所患也，愿因楚而问之。"

老子曰："向吾见若眉睫之间，吾因以得汝矣，今汝又言而信之。若规规然，若丧父母，揭竿而求诸海也。女（汝）亡人哉，惘惘乎！汝欲反汝情性而无由入，可怜哉！"

南荣趎请入就舍，召其所好，去其所恶，十日自愁，复见老子。

老子曰："汝自洒濯，孰哉郁郁乎！然而其中津津乎犹有恶也。夫外韄者不可繁而捉，将内揵；内韄者不可缪而捉，将外揵。外内韄者，道德不能持，而况放道而行者乎！"

南荣趎曰："里人有病，里人问之，病者能言其病，然其病病者，犹未病也。若趎之闻大道，譬犹饮药以加病也。趎愿闻卫生之经而已矣。"

老子曰："卫生之经，<u>能抱一乎？能勿失乎？能无卜筮而知吉凶乎？能止乎？能已乎？能舍诸人而求诸己乎？能翛然乎？能侗然乎？能儿子乎？儿子终日嗥而嗌不嗄，和之至也；终日握而手不掜，共其德也；</u>终日视而目不瞚（瞬），偏不在外也。行不知所之，居不知所为，与物委蛇，而同其波。是卫生之经已。"

南荣趎曰："然则是至人之德已乎？"

曰："非也。是乃所谓冰解冻释者，能乎？夫至人者，相与交（邀）食乎地，而交（邀）乐乎天，不以人物利害相撄，不相与为怪，不相与为谋，不相与为事，翛然而往，侗然而来。是谓卫生之经已。"

曰："然则是至乎？"

曰："未也。吾固告汝曰：'能儿子乎？'儿子不知所为，行不知所之，身若槁木之枝，而心若死灰。若是者，祸亦不至，福亦不来。祸福无有，恶有人灾也！"（《杂篇·庚桑楚》）

柏矩学于老聃，曰："请之天下游。"

老聃曰："已矣！天下犹是也。"

又请之，老聃曰："汝将何始？"

曰："始于齐。"

至齐，见辜人焉，推而强之，解朝服而幕之，号天而哭之曰：

"子乎子乎！天下有大菑，子独先离之，曰莫为盗！莫为杀人！荣辱立，然后睹所病；货财聚，然后睹所争。今立人之所病，聚人之所争，穷困人之身，使无休时，欲无至此，得乎！

"古之君人者，以得为在民，以失为在己；以正为在民，以枉为在己。故一形有失其形者，退而自责。今则不然。匿为物而（愚）〔过〕不识，大为难而罪不敢，重为任而罚不胜，远其塗而诛不至。民知力竭，则以伪继之。日出多伪，士民安取不伪！夫力不足则伪，知（智）不足则欺，财不足则盗。盗窃之行，于谁责而可乎？"（《杂篇·则阳》）

阳子居南之沛，老聃西游于秦，邀于郊，至于梁，而遇老子。老子中道，仰天而叹曰："始以汝为可教，今不可也。"

阳子居不答。至舍，进盥漱巾栉，脱屦户外，膝行而前，曰："向者弟子欲请夫子，夫子行不间，是以不敢。今间矣，请问其过。"

老子曰："而（尔）睢睢盱盱，而（尔）谁与居？大白若辱，盛德若不足。"

阳子居蹴然变容曰："敬闻命矣！"

其往也，舍者迎将，其家公执席，妻执巾栉，舍者避席，炀者避灶。其反也，舍者与之争席矣。（《杂篇·寓言》）

以本为精，以物为粗，以有积为不足，澹然独与神明居，古之道术有在于是者。关尹、老聃闻其风而悦之，建之以常无有，主之以太一，以濡弱谦下为表，以空虚不毁万物为实。

关尹曰："在己无居，形物自著。其动若水，其静若镜，其应若响。芴（惚）乎若亡，寂乎若清。同焉者和，得焉者失。未尝先人，而常随人。"

老聃曰："知其雄，守其雌，为天下溪；知其白，守其辱，为天下谷。"人皆取先，己独取后，曰受天下之垢；人皆取实，己独取虚，无藏也，故有余，岿然而有余。其行身也，徐而不费，无为也而笑巧。人皆求福，己独曲全，曰苟免于咎。以深为根，以约为纪，曰坚则毁矣，锐则挫矣。常宽容于物，不削于人。可谓至极。关尹、老聃乎！古之博大真人哉！（《杂篇·天下》）

（二）老莱子

老莱子之弟子出〔取〕薪，遇仲尼，反以告，曰："有人于彼，脩上而趋下，末偻而后耳，视若营四海，不知其谁氏之子。"

老莱子曰："是丘也，召而来。"

仲尼至。曰："丘！去汝躬矜，与汝容知，斯为君子矣。"

仲尼揖而退，蹙然改容而问曰："业可得进乎？"

老莱子曰："夫不忍一世之伤而骜万世之患，抑固窭邪，亡其略弗及邪？惠以欢为骜，终身之丑，中民之行进焉耳，相引以名，相结以隐。与其誉尧而非桀，不如两忘而闭其所非誉。反无非伤也，动无非邪也。圣人踌躇以兴事，以每（谋）成功。奈何哉其载焉终矜尔？"（《杂篇·外物》）

二 其他古书中的老子和老莱子

（一）老子（李耳、老聃）

老子者，楚苦县厉乡曲仁里人也，姓李氏，名耳，字聃，周守藏室之史也。

孔子适周，将问礼于老子。老子曰："子所言者，其人与骨皆已朽矣，独其言在耳。且君子得其时则驾，不得其时则蓬累而行。吾闻之，良贾深藏若虚，君子盛德，容貌若愚。去子之骄气与多欲，态色与淫志，是皆无益于子之身。吾所以告子，若是而已。"孔子去，谓弟子曰："鸟，吾知其能飞；鱼，吾知其能游；兽，吾知其能走。走者可以为罔，游者可以为纶，飞者可以为矰。至于龙吾不能知，其乘风云而上天。吾今日见老子，其犹龙邪！"

老子修道德，其学以自隐无名为务。居周久之，见周之衰，乃遂去。至关，关令尹喜曰："子将隐矣，彊为我著书。"于是老子乃著书上下篇，言道德之意五千余言而去，莫知其所终。

或曰：老莱子亦楚人也，著书十五篇，言道家之用，与孔子同时云。

盖老子百有六十余岁，或言二百余岁，以其修道而养寿也。

自孔子死之后百二十九年，而史记周太史儋见秦献公曰："始秦与周合，合五百岁而离，离七十岁而霸王者出焉。"或曰儋即老子，或曰非也，世莫知其然否。老子，隐君子也。

老子之子名宗，宗为魏将，封于段干。宗子注，注子宫，宫玄孙假，假仕于汉孝文帝。而假之子解为胶西王太傅，因家于齐焉。

世之学老子者则绌儒学，儒学亦绌老子。"道不同不相为谋"，岂谓是邪？李耳无为自化，清静自正。（《史记·老子韩非列传》）

> 案：司马迁所述老子世系，其子孙传至汉文帝，只有八代，世数太少。

鲁南宫敬叔言鲁君曰："请与孔子适周。"鲁君与之一乘车，两马，一竖子俱，适周问礼，盖见老子云。辞去，而老子送之曰："吾闻富贵者送人以财，仁人者送人以言。吾不能富贵，窃仁人之号，送子以言，曰：'聪明深察而近于死者，好议人者也。博辩广大危其身者，发人之恶者也。为人子者毋以有己，为人臣者毋以有己。'"孔子自周反于鲁，弟子稍益进焉。（《史记·孔子世家》）

> 案：孔子适周，在孔子34岁，即公元前518年。

其后二十余年，高帝过赵，问："乐毅有后世乎？"对曰："有乐叔。"高帝封之乐卿，号曰华成君。华成君，乐毅之孙也。而乐氏之族有乐瑕公、乐臣公，赵且为秦所灭，亡之齐高密。乐臣公善修黄帝、老子之言，显闻于齐，称贤师。

太史公曰：始齐之蒯通及主父偃读乐毅之报燕王书，未尝不废书而泣也。乐臣公学黄帝、老子，其本师号曰河上丈人，不知其所出。河上丈人教安期生，安期生教毛翕公，毛翕公教乐瑕公，乐瑕公教乐臣公，乐臣公教盖公。盖公教于齐高密、胶西，为曹相国师。（《史记》卷八十一）

李耳无为自化，清净自正；韩非揣事情，循执理。作《老子韩非列传》第三。（《史记·太史公自序》）

《老子邻氏经传》四篇。（姓李，名耳，邻氏传其学。）
《老子傅氏经说》三十七篇。（述老子学。）
《老子徐氏经说》六篇。（字少季，临淮人，传《老子》。）
刘向《说老子》四篇。
《文子》九篇。（老子弟子，与孔子并时，而称周平王问，似依托者也。）
《蜎子》十三篇。（名渊，楚人，老子弟子。）
《关尹子》九篇。（名喜，为关吏，老子过关，喜去吏而从之。）
（《汉书·艺文志·诸子略》道家）

曾子问曰："古者师行，必以迁庙主行乎？"孔子曰："天子巡守，以迁庙主行，载于齐车，言必有尊也。今也，取七庙之主以行，则失之矣。当七庙五庙无虚主。虚主者，唯天子崩，诸侯薨与去其国，与祫祭于主，为无主耳。吾闻诸老聃曰：'天子崩，国君薨，则祝取群庙之主而藏诸祖庙，礼也。卒哭成事而后，主各反其庙。君

去其国，大宰取群庙之主以从，礼也。袷祭于祖，则祝迎四庙之主。主，出庙入庙必跸。'老聃云。"（《礼记·曾子问》）

曾子问曰："葬引至于堩，日有食之，则有变乎？且不乎？"

孔子曰："昔者吾从老聃，助葬于巷党，及堩，日有食之，老聃曰：'丘！止柩，就道右，止哭以听变。'既明，反而后行。曰：'礼也。'反葬，而丘问之曰：'夫柩不可以反者也，日有食之，不知其已之迟数，则岂如行哉？'老聃曰：'诸侯朝天子，见日而行，逮日而舍，奠；大夫使，见日而行，逮日而舍。夫柩不蚤出，不莫宿。见星而行者，唯罪人与奔父母之丧者乎？日有食之，安知其不见星也。且君子行礼，不以人之亲痁患。'吾闻诸老聃云。"（同上）

曾子问曰："下殇，土周葬于园，遂舆机而往，途迩故也。今墓远，则其葬也如之何？"

孔子曰："吾闻诸老聃曰：'昔者史佚有子而死，下殇也。墓远，召公谓之曰：何以不棺敛于宫中？史佚曰：吾敢乎哉？召公言于周公，周公：岂不可？史佚行之。下殇用棺衣棺，自史佚始也。'"（同上）

子夏问曰："三年之丧卒哭，金革之事无辟也者，礼与？初有司与？"

孔子曰："夏后氏三年之丧，既殡而致事，殷人既葬而致事。《记》曰：君子不夺人之亲，亦不可夺亲也，此之谓乎？"

子夏曰："金革之事无辟也者，非与？"

孔子曰："吾闻诸老聃曰：'昔者鲁公伯禽有为为之也。今以三年之丧，从其利者，吾弗知也！'"（同上）

万物为道一偏，一物为万物一偏，愚者为一物一偏，而自以为知道，无知也。慎子有见于后，无见于先；老子有见于诎，无见于信；墨子有见于齐，无见于畸；宋子有见于少，无见于多。有后而无先，则群众无门；有诎而无信，则贵贱不分；有齐而无畸，则政令不施，有少而无多，则群众不化。《书》曰："无有作好，遵王之道；无有作恶，遵王之路。"此之谓也。(《荀子·天论》)

天下非一人之天下也，天下之天下也。阴阳之和，不长一类；甘露时雨，不私一物；万民之主，不阿一人。

伯禽将行，请所以治鲁。周公曰："利而勿利也。"

荆人有遗弓者，而不肯索，曰："荆人遗之，荆人得之，又何索焉？"孔子闻之曰："去其'荆'而可矣。"老聃闻之曰："去其'人'而可矣。"故老聃则至公矣。天地大矣，生而弗子，成而弗有，万物皆被其泽，得其利，而莫知其所由始。此三皇五帝之德也。"(《吕氏春秋·贵公》)

非独国有染也。孔子学于老聃、孟苏夔、靖叔。鲁惠公使宰让请郊庙之礼于天子，桓王使史角往，惠公止之。其后在于鲁，墨子学焉。此二士者，无爵位以显人，无赏禄以利人。举天下之显荣者，必称此二士也。皆死久矣，从属弥众，弟子弥丰，充满天下。王公大人从而显之；有爱子弟者，随而学焉，无时乏绝。子贡、子夏、曾子学于孔子，田子方学于子贡，段干木学于子夏，吴起学于曾子；禽滑釐学于墨子，许犯学于禽滑釐，田系学于许犯。孔墨之后学显荣于天下者众矣，不可胜数，皆所染者得当也。(《吕氏春秋·当染》)

…………

解在乎齐人之欲得金也，及秦墨者之相妒也，皆有所乎尤也。老聃则得之矣，若植木而立乎独，必不合于俗，则何可扩矣。(《吕氏春秋·去尤》)

老耽贵柔……(《吕氏春秋·不二》)

……桓公、管仲虽善匿，弗能隐矣。故圣人听于无声，视于无形。詹何、田子方、老耽是也。(《吕氏春秋·重言》)

老子曰："虽贵，必以贱为本；虽高，必以下为基。是以侯王称孤、寡、不毅，是其贱之本与？"(《战国策·齐四》)

《老子》曰："圣人无积，尽以为人己愈有，既以与人己愈多。"(《战国策·魏一》)

杨朱南之沛，老耽西游于秦，邀于郊。至梁而遇老子。老子中道仰天而叹曰："始以汝为可教，今不可教也。"

杨朱不答。至舍，进涫漱巾栉，脱履户外，膝行而前，曰："向者夫子仰天而叹曰：'始以汝为可教，今不可教。'弟子欲请夫子辞，行不间，是以不敢。今夫子间矣，请问其过。"

老子曰："而（尔）睢睢，而（尔）盱盱，而（尔）谁与居？大白若辱，盛德若不足。"

杨朱蹴然变容曰："敬闻命矣！"

其往也，舍迎将家，公执席，妻执巾栉；舍者避席，炀者避灶。其反也，舍者与之争席矣。(《列子·黄帝》)

天下有常胜之道，有不常胜之道。常胜之道曰柔，常不胜之道曰彊。二者亦知。而人未之知。故上古之言：彊，先不己若者；柔，先出于己者。先不己若者，至于若己，则殆矣。先出于己者，亡所殆矣。以此胜一身若徒，以此任天下若徒，谓不胜而自胜，不任而自任也。粥子曰："欲刚，必以柔守之；欲彊，必以弱保之。积于柔必刚，积于弱必彊。观其所积，以知祸福之乡。彊胜不若己，至于若己者刚；柔胜出于己者，其力不可量。"

老耽曰："兵彊则灭，木彊则折。柔弱者生之徒，坚强者死

之徒。"（同上）

老成子学幻于尹文先生，三年不告。老成子请其过而求退。

尹文先生揖而进之于室。屏左右而与之言曰："昔老聃之徂西也，顾而告予曰：有生之气，有形之状，尽幻也。造化之所始，阴阳之所变者，谓之生，谓之死。穷数达变，因形移易者，谓之化，谓之幻。造物者其巧妙，其功深，固难穷难终。因形者其巧显，其功浅，故随起随灭。知幻化之不异生死也，始可与学幻矣。吾与汝亦幻也，奚须学哉？"

老成子归，用尹文先生之言深思三月，遂能存亡自在，幡校四时；冬起雷，夏造冰。飞者走，走者飞。终身不箸其术，故世莫传焉。

子列子曰："善为化者，其道密庸，其功同人。五帝之德，三王之功，未必尽智勇之力，或由化而成。孰测之哉？"（《列子·周穆王》）

秦人逢氏有子，少而惠，及壮而有迷罔之疾。闻歌以为哭，视白以为黑，飨香以为朽，尝甘以为苦，行非以为是：意之所之，天地、四方，水火、寒暑，无不倒错者焉。杨氏告其父曰："鲁之君子多术艺，将能已乎？汝奚不访焉？"

其父之鲁，过陈，遇老聃，因告其子之证。

老聃曰："汝庸知汝子之迷乎？今天下之人皆惑于是非，昏于利害。同疾者多，固莫有觉者。且一身之迷不足倾一家，一家之迷不足倾一乡，一乡之迷不足倾一国，一国之迷不足倾天下。天下尽迷，孰倾之哉？向使天下之人其心尽如汝子，汝则反迷矣。哀乐、声色、臭味、是非，孰能正之？且吾之此言未必非迷，而况鲁之君子迷之邮者，焉能解人之迷哉？荣汝之粮，不若遄归也。"（同上）

陈大夫聘鲁，私见叔孙氏。

叔孙氏曰："吾国有圣人。"

曰："非孔丘邪？"

曰："是也。"

"何以知其圣乎？"

叔孙氏曰："吾常闻之颜回曰：'孔丘能废心而用形。'"

陈大夫曰："吾国亦有圣人，子弗知乎？"

曰："圣人孰谓？"

曰："老聃之弟子有亢仓子者，得聃之道，能以耳视而目听。"

鲁侯闻之大惊，使上卿厚礼而致之。

亢仓子应聘而至。鲁侯卑辞请问之。

亢仓子曰："传之者妄。我能视听不用耳目，不能易耳目之用。"

鲁侯曰："此增异矣。其道奈何？寡人终愿闻之。"

亢仓子曰："我体合于心，心合于气，气合于神，神合于无。其有介然之有，唯然之音，虽远在八荒之外，近在眉睫之内，来干我者，我必知之。乃不知是我七孔四支之所觉，心腹六藏（脏）之知，其自知而已矣。"

鲁侯大悦。他日以告仲尼，仲尼笑而不答。（《列子·仲尼》）

生非贵之所能存，身非爱之所能厚；生亦非贱之所能夭，身亦非轻之所能薄。故贵之或不生，贱之或不死；爱之或不厚，轻之或不薄。此似反也，非反也；此自生自死，自厚自薄。或贵之而生，或贱之而死；或爱之而厚，或轻之而薄。此似顺也，非顺也；此亦自生自死，自厚自薄。

鬻熊语文王曰："自长非所增，自短非所损。算之所亡若何？"

老聃语关尹曰："天之所恶，孰知其故？"言迎天意，揣利害，不如其已。（《列子·力命》）

杨朱曰："伯成子高不以一毫利物，舍国而隐耕。大禹不以一身自利，一体偏枯。古之人损一毫利天下不与也，悉天下奉一身不取也。人人不损一毫，人人不利天下，天下治矣。"

禽子问杨朱曰："去子体之一毛以济一世，汝为之乎？"

杨子曰："世固非一毛之所济。"

禽子曰："假济，为之乎？"

杨子弗应。

禽子出语孟孙阳。孟孙阳曰："子不达夫子之心，吾请言之。有侵苦肌肤获万金者，若为之乎？"

曰："为之。"

孟孙阳曰："有断若一节得一国。子为之乎？"

禽子默然有间。

孟孙阳曰："一毛微于肌肤，肌肤微于一节，省矣。然则积一毛以成肌肤，积肌肤以成一节。一毛固一体万分中之一物，奈何轻之乎？"

禽子曰："吾不能所以答子。然则以子之言问老聃、关尹，则子言当矣；以吾言问大禹、墨翟，则吾言当矣。"

孟孙阳因顾与其徒说他事。（《列子·杨朱》）

杨朱曰："丰屋美服，厚味姣色，有此四者，何求于外？有此而求外者，无厌之性。无厌之性，阴阳之蠹也。忠不足以安君，适足以危身；义不足以利物，适足以害生。安上不由于忠，而忠名灭焉；利物不由于义，而义名绝焉。君臣皆安，物我兼利，古之道也。鬻子曰：'去名者无忧。'老子曰：'名者实之宾。'而悠悠者趋名不已。名固不可去？名固不可宾邪？今有名则尊荣，亡名则卑辱。尊荣则逸乐，卑辱则忧苦。忧苦，犯性者也；逸乐，顺性者也。斯实之所系矣。名胡可去？名胡可宾？但恶夫守名而累实。守名而累实，将恤危亡之不救，岂徒逸乐忧苦之间哉？"（同上）

老子学商容，见舌而知守柔矣。（《淮南子·缪称》）

案："商容"即下"常摐"。

常摐有疾，老子往问焉，曰："先生疾甚矣，无遗教可以语诸弟子者乎？"

常摐曰："子虽不问，吾将语子。"

常摐曰："过故乡而下车，子知之乎？"

老子曰："过故乡而下车，非谓其不忘故耶？"

常摐曰："嘻！是已。"

常摐曰："过乔木而趋，子知之乎？"

老子曰："过乔木而趋，非谓其敬老耶？"

常摐曰："嘻！是已。"

张其口而示老子曰："吾舌存乎？"

老子曰："然。"

"吾齿存乎？"

老子曰："亡！"

常摐曰："子知之乎？"

老子曰："夫舌之存也，岂非以其柔耶？齿之亡也，岂非以其刚耶？"

常摐曰："嘻！是已。天下之事已尽矣，无以复语子哉！"（《说苑·敬慎》）

案："常摐"，亦作"常从"（《汉书·艺文志·数术略》有《常从日月星气》）。按照此类传说，老子舌齿之教是出于常摐。

韩平子问于叔向曰："刚与柔孰坚？"

对曰："臣年八十矣，齿再堕而舌尚存。老聃有言曰：'天下之至柔，驰骋乎天下之至坚。'又曰：'人之生也柔弱，其死也刚强；万物草木之生也柔脆，其死也枯槁。因此观之，柔弱者，生之徒也；

<u>刚强者，死之徒也。</u>'夫生者毁而必复，死者破而愈亡，吾是以知柔之坚于刚也。"

平子曰："善哉！然则子之行何从？"

叔向曰："臣亦柔耳，何以刚为。"

平子曰："柔无乃脆乎？"

叔向曰："柔者纽而不折，廉而不缺，何为脆也！天之道，微者胜。是以两军相加，而柔者克之；两仇争利，而弱者得焉。《易》曰：'天道亏满而益谦，地道变满而流谦，鬼神害满而福谦，人道恶满而好谦。'夫怀谦不足之柔弱，而四道者助之，则安往而不得其志乎？"平子曰："善！"（同上）

案：叔向之对，是据老子。

仲尼问老聃曰："甚矣，道之于今难行也。吾比执道委质以当世之君，而不我受也。道之于今难行也。"老子曰："夫说者流于听，言者乱于辞，如此二者，则道不可委矣。"（《说苑·反质》）

又曰：商容，不知何许人也，有疾。

老子曰："先生无遗教以告弟子乎？"

容曰："将语子，过故乡而下车，知之乎？"

老子曰："非谓不忘故耶？"

容曰："过乔木而趋，知之乎？"

老子曰："非谓其敬老耶？"

容张口曰："吾舌存乎？"

曰："存。"

曰："吾齿存乎？"

曰："亡。"

"知之乎？"

老子曰："非谓其刚亡而弱存乎？"

容曰:"嘻,天下事尽矣。"(《太平御览》卷五〇九)

案:《高士传》此节,有片断存于《艺文类聚》卷三四。这里值得注意的是,舌齿之喻,也见于下《战国策》《孔子家语》,却是老莱子教孔子、子思。鲁迅的小说《出关》也提到这个比喻,又变成老子教庚桑楚(《鲁迅全集》,第2卷,北京:人民文学出版社,1956年,390—391页)。

(二)老莱子

刘向《别录》曰:老莱子,古之寿者。(《文选》卷一一孙兴公《游天台山赋》李善注引)

《老莱子》十六篇。(楚人,与孔子同时。)(《汉书·艺文志·诸子略》道家)

案:《史记·老子韩非列传》作十五篇。此书久佚,西汉以后无著录,罕见引用。前人所作辑本,很多只是和老莱子有关的传说,未必出自《老莱子》。

孔子曰:……德恭而行信,终日言,不在尤之内,在尤之外,贫而乐也,盖老莱子之行也。(《大戴礼·卫将军文子》)

案:此文提到11个德行高尚的人,其中6人,桐提伯华、蘧伯玉、柳下惠、晏平仲、老莱子、介山子推是司马迁说"孔子之所严事"(《史记·仲尼弟子列传》)。另外5人,为伯夷、叔齐、羊舌大夫、赵文子、随武子。

或谓黄齐曰:"人皆以谓公不善于富挚。公不闻老莱子之教孔子事君乎?示之其齿,曰:齿之坚也,六十而尽,相靡也。今富挚能而公重不相善也,是两尽也。谚曰:'见君之乘,下之;见杖,起

之。'今也，王爱富挚而公不善也，是不臣也。"（《战国策·楚四》）

案：这里的齿舌之喻，是老莱子教孔子。

子思见老莱子，老莱子闻穆公将相子思。

老莱子曰："若子事君，将何以为乎？"

子思曰："顺吾性情，以道辅之，无死亡焉。"

老莱子曰："不可顺子之性也。子性惟太刚，而傲不肖，且又无所死亡，非人臣也。"

子思曰："不肖，故（固）为人之所傲也。夫事君，道行言听，则何所死亡？道不行，言不听，则亦不能事君，所谓无死亡也。"

老莱子曰："子不见夫齿乎，齿坚刚，卒尽相摩（磨），舌柔顺，终以不弊。"

子思曰："吾不能为舌，故不能事君。"（《孔丛子·抗志》）

案：这里的齿舌之喻，是老莱子教子思。我们从舌齿之喻的几段引文看，老莱子和老子应该是同一人。

老莱子曰："人生于天地之间，寄也。寄者，固归也。"（汪继培辑《尸子》卷下》）

或曰：老莱子亦楚人也，著书十五篇，言道家之用，与孔子同时云。（《史记·老子韩非列传》）

孔子之所严事：于周则老子；于卫，蘧伯玉；于齐，晏平仲；于楚，老莱子；于郑，子产；于鲁，孟公绰。数称臧文仲、柳下惠、铜鞮伯华、介山子然，孔子皆后之，不并世。（《史记·仲尼弟子列传》）

案：蘧伯玉、晏平仲、老莱子、柳下惠、铜鞮伯华、介山子然，见《大戴礼·卫将军文子》。《吕氏春秋·当染》说"孔子学于老聃、孟苏夔、靖叔",老聃即此老子,孟苏夔,或以为即孟公绰。

老莱子耕于蒙山之阳,著书十五篇,言道家之事,织畚为业。(《宋书》卷六十七)

楚老莱子之妻也。莱子逃世,耕于蒙山之阳。葭墙蓬室,木床蓍席,衣缊食菽,垦山播种。人或言之楚王曰:"老莱,贤士也。"王欲聘以璧帛,恐不来,楚王驾至老莱之门。

老莱方织畚,王曰:"寡人愚陋,独守宗庙,愿先生幸临之。"

老莱子曰:"仆山野之人,不足守政。"

王复曰:"守国之孤,愿变先生之志。"

老莱子曰:"诺。"

王去,其妻戴畚莱挟薪樵而来,曰:"何车迹之众也?"

老莱子曰:"楚王欲使吾守国之政。"

妻曰:"许之乎?"

曰:"然。"

妻曰:"妾闻之:可食以酒肉者,可随以鞭(捶)〔棰〕。可授以官禄者,可随以铁钺。今先生食人酒肉,受人官禄,为人所制也。能免于患乎! 妾不能为人所制。"投其畚莱而去。

老莱子曰:"子还,吾为子更虑。"

遂行不顾,至江南而止,曰:"鸟兽之解毛,可绩而衣之。据其遗粒,足以食也。"老莱子乃随其妻而居之。民从而家者一年成落,三年成聚。君子谓老莱妻果于从善。诗曰:"衡门之下,可以栖迟,泌之洋洋,可以疗饥。"此之谓也。

颂曰:老莱与妻,逃世山阳。蓬蒿为室,莞葭为盖。楚王聘之,老莱将行。妻曰世乱,乃遂逃亡。(《列女传·贤明传》楚老莱妻)

　　案:同一故事也见于下皇甫谧《高士传》佚文。

《高士传》曰：老莱子隐于蒙山之阳，以〔藋〕葭为盖，蓬〔蒿〕为室，歧（支）木为床，（者）〔荐〕艾为蓆，衣缊，饮水〔食菽〕，垦山播植。

楚王亲至其门，方织畚。（至）〔王〕去有间，其妻戴畚菜挟薪而至，问车马迹之多。

答曰："楚王。"

妻曰："可食以酒肉者，可加以鞭（捶）〔棰〕；可授以官禄者，可随以铁钺。先生受人官禄，为人所制；妾不能为人所制者。"

妻乃畚菜而去也。（《太平御览》卷四二引）

（皇甫士安《高士传》）又曰：老莱子者，楚公室乱，逃世，耕于蒙山之阳。蓬蒿为室，枝（支）（杖）〔木〕为床，饮水食菽，垦山播种。人或言于楚王，王于是驾至莱子之门。

莱子方织畚，王曰："守国之政，孤愿烦先生。"

老莱子曰："诺。"

王去，其妻樵还，曰："子许之乎？"

老莱子曰："然。"

妻曰："妾闻之，可食以酒肉者，可随而鞭棰；夫可（拟）〔授〕以官禄者，可随而铁钺。妾不能为人所制者！"

妻投其畚而去。老莱子亦随其妻，至于河南。以莱子为老子，人莫知其所终也。（《太平御览》卷五〇六引）

> 案：以上两条是皇甫谧《高士传》的佚文。同书引文的片断，又见于《艺文类聚》卷六九，《初学记》卷一八、卷二五，《太平御览》卷四七四、卷四八五、卷七〇六、七〇九等书引用。

《列女传》曰：老莱子孝养二亲，行年七十，婴儿自娱，著五色采衣，尝取浆上堂，跌仆，因卧地为小儿啼，或弄乌鸟于亲侧。

（《艺文类聚》卷二〇引）

案：同一故事也见于下师觉授《孝子传》佚文。

师觉授《孝子传》曰：老莱子者，楚人。行年七十，父母俱存，至孝蒸蒸。常着班（斑）兰（斓）之衣，为亲取饮。上堂脚胅（跌），恐伤父母之心，因僵仆为婴儿啼。孔子曰："父母老，常言不称老，为其伤老也。"若老莱子，可谓不失孺子之心矣。（《太平御览》卷四一三引）

案：《初学记》卷一七、《太平御览》卷六八九引略同。

三 《史记》中的周太史儋

烈王二年，周太史儋见秦献公曰："始周与秦国合而别，别五百载复合，合十七岁而霸王者出焉。"（《史记·周本纪》）

案：周烈王二年为公元前374年。"始周与秦国合"，是指周、秦同处雍州的西周时期；"而别"，是指公元前770年平王东迁。"别五百载复合"，是指公元前255年秦庄襄王灭西周（据《史记·六国年表》），上距公元前770年，计515年。"合十七岁而霸王者出焉"，是指公元前238年，秦王政诛嫪毐，正式亲政。

（秦献公）十一年，周太史儋见献公曰："周故与秦国合而别，别五百岁复合，合十七岁而霸王出。"（《史记·秦本纪》）

案：秦献公十一年为公元前374年。

后四十八年，周太史儋见秦献公曰："秦始与周合，合而离，五百岁当复合，合十七年而霸王出焉。"（《史记·封禅书》）

案："后四十八年"，是从秦灵公三年（前422年）作吴阳上下畤（见《史记·六国年表》）到周烈王二年、秦献公十一年（前374年）。

自孔子死之后百二十九年，而史记周太史儋见秦献公曰："始秦与周合，合五百岁而离，离七十岁而霸王者出焉。"（《史记·老子韩非列传》）

案："自孔子死之后百二十九年"，年数有误。孔子卒于公元前479年，至此只有106年。"史记周太史儋见秦献公"，疑出《秦记》。"七十岁"为"十七岁"之误。

附录二 《韩非子》的《解老》《喻老》篇

（画线处为《老子》引文）

解老第二十

1. 德者，内也。得者，外也。"<u>上德不德</u>"，言其神不淫于外也。神不淫于外则身全，身全之谓得。德者，得身也。凡德者，以无为集，以无欲成，以不思安，以不用固。为之欲之则德无舍，德无舍则不全。用之思之则不固，不固则无功，无功则生于德。德则无德，不德则（在）有德，故曰"<u>上德不德，是以有德</u>"。

所以贵无为无思为虚者，谓其意无所制也。夫无术者，故以无为无思为虚也。夫故以无为无思为虚者，其意常不忘虚，是制于为虚也。虚者，谓其意（所无）〔无所〕制也。今制于为虚，是不虚也。虚者之无为也，不以无为为有常。不以无为为有常则虚，虚则德盛，德盛之为上德，故曰"<u>上德无为而无不为也</u>"。

仁者，谓其中心欣然爱人也。其喜人之有福，而恶人之有祸也；生心之所不能已也，非求其报也，故曰"<u>上仁为之而无以为也</u>"。

义者，君臣上下之事，父子贵贱之差也，知交朋友之接也，亲疏内外之分也。臣事君宜，下怀上〔宜〕，子事父宜，（众）〔贱〕敬贵宜，知交友朋之相助也宜，亲者内而疏者外宜。义者，谓其宜也。宜而为之，故曰"<u>上义为之而有以为也</u>"。

礼者，所以（情貌）〔貌情〕也，群义之文章也，君臣父子之交也，贵贱贤不肖之所以别也。中心怀而不谕，（其）〔故〕疾趋卑拜（而）〔以〕明之。实心爱而不知，故好言繁辞以信之。礼者，外（节）〔饰〕之所以谕内也。故曰：礼以（情貌）〔貌情〕也。凡人之为外物动也，不知其为身之礼也。众人之为礼也，以尊他人也，故时劝时衰。君子（以）〔之〕为礼，以为其身；以为其身，故神之为上礼；上礼神而众人贰，故不能相应；不能相应，故曰"<u>上礼为之而莫之应</u>"。众人虽贰，圣人之复恭敬尽手足之礼也不衰，故曰"<u>攘臂而仍之</u>"。

道有积而（德）〔积〕有功。德者，道之功。功有实而实有光。仁者，德之光。光有泽而泽有事。义者，仁之事也。事有礼而礼有文。礼者，义之文也。故曰"<u>失道而后失德，失德而后失仁，失仁而后失义，失义而后失礼</u>"。

礼为情貌者也，文为质饰者也。夫君子取情而去貌，好质而恶饰。夫恃貌而论情者，其情恶也；须饰而论质者，其质衰也。何以论之？和氏之璧不饰以五采，隋侯之珠不饰以银黄。其质至美，物不足以饰。夫物之待饰而后行者，其质不美也。是以父子之间，其礼朴而不明，故曰"<u>礼，薄也</u>"。凡物不并盛，阴阳是也；理相夺予，威德是也；实厚者貌薄，父子之礼是也。由是观之，礼繁者，实心衰也。然则为礼者，事通人之朴心者也。众人之为礼也，人应则轻欢，不应则责怨。今为礼者事通人之朴心，而资之以相责之分，能毋争乎？有争则乱，故曰"<u>夫礼者，忠信之薄也，而乱之首乎</u>"。

先物行先理动之谓前识。前识者，无缘而忘（妄）意度也。何以论之？詹何坐，弟子侍，〔有〕牛鸣于门外。弟子曰："是黑牛也而白〔在其〕题。"詹何曰："然，是黑牛也，而白在其角。"使人视之，果黑牛而以布裹其角。以詹子之术，婴众人之心，华焉殆矣！故曰"<u>道之华也</u>"。尝试释詹子之察，而使五尺之愚童子视之，亦知其黑牛而以布裹其角也。故以詹子之察，苦心伤神，而后与五尺之愚童子同功，是以曰"<u>愚之首也</u>"，故曰"<u>前识者，道之华也，而愚之首也</u>"。

所谓"**大丈夫**"者，谓其智之大也。所谓"**处其厚不处其薄**"者，行情实而去礼貌也。所谓"**处其实不处其华**"者，必缘理而不径绝也。所谓"**去彼取此**"者，去貌径绝而取缘理好情实也，故曰"**去彼取此**"。（今38）

2. 人有祸则心畏恐，心畏恐则行端直，行端直则思虑熟，思虑熟则得事理。行端直则无祸害，无祸害则尽天年。得事理则必成功，尽天年则全而寿。必成功则富与贵，全寿富〔贵〕之谓福。而福本于有祸，故曰"**祸兮福之所倚**"，以成其功也。

人有福则富贵至，富贵至〔则〕衣食美，衣食美则骄心生，骄心生则〔行〕邪僻而动弃理。行邪僻则身死天，动弃理则无成功。夫内有死天之难，而外无成功之名者，大祸也。而祸本生于有福，故曰"**福兮祸之所伏**"。

夫缘道理以从事者，无不能成。无不能成者，大能成天子之势尊，而小易得卿相将军之赏禄。夫弃道理而妄举动者，虽上有天子诸侯之势尊，而（天）下有依顿、陶朱卜祝之富，犹失其民人而亡其财资也。众人之轻弃道理而易妄举动者，不知其祸福之深大而道阔远若是也，故谕人曰"**孰知其极**"？

人莫不欲富贵全寿，而未有能免于贫贱死天之祸也。心欲富贵全寿，而今贫贱死天，是不能至于其所欲至也。凡失其所欲之路而妄行者之谓迷，迷则不能至于其所欲至矣。今众人之不能至于其所欲至，故曰"**迷**"。众人之所不能至于其所欲至也，自天地之剖判以至于今，故曰"**人之迷也，其日故（固）以久矣**"。

所谓方者，内外相应也，言行相称也。所谓廉者，必生死之命也，轻恬资财也。所谓直者，义必公正，（公）心不偏党也。所谓光者，官爵尊贵，衣裘壮丽也。今有道之士，虽中外信顺，不以诽谤穷堕（随）；虽死节轻财，不以侮罢谓贪；虽义端不党，不以去邪罪私；虽势尊衣美，不以夸贱欺贫。其故何也？使失路者而肯听习问知，即不成迷也。今众人之所以欲成功而反为败者，生于不知道理而不肯问知而听能。众人不肯问知听能，而圣人强以其祸败适（谪）之，则怨。众人多而圣人寡，寡之不胜众，数也。今举动而与天下为仇，非全身长生之道也，是以行轨节而举之也，故曰"方而不割，廉而不刿，直而不肆，光而不耀"。（今58）

3. 聪明睿智，天也；动静思虑，人也。人也者，乘于天明以视，寄于天聪以听，托于天智以思虑。故视强则目不明，听甚则耳不聪，思虑过度则智识乱。目不明，则不能决黑白之分；耳不聪，则不能别清浊之声；智识乱，则不能审得失之地。目不能决黑白之色，则谓之盲；耳不能别清浊之声，则谓之聋；心不能审得失之地，则谓之狂。盲则不能避昼日之险，聋则不能知雷霆之害，狂则不能免人间法令之祸。书之所谓"治人"者，适动静之节，省思虑之费也；所谓"事天"者，不极聪明之力，不尽智识之任。苟极尽则费神多，费神多则盲聋悖狂之祸至，是以啬之。啬之者，爱其精神，啬其智识也，故曰"治人事天莫如啬"。

众人之用神也躁，躁则多费，多费之谓侈。圣人之用神也静，静则少费，少费之谓啬。啬之谓术也，生于道理。夫能啬也，是从于道而服于理者也。众人离于患，陷于祸，犹未知退，而不服从道理。圣人虽未见祸患之形，虚无服从于道理，以称早服，故曰"夫谓啬，是以早服"。

知治人者，其思虑静；知事天者，其孔窍虚。思虑静，故德不去；孔窍虚，则和气日入，故曰"重积德"。夫能令故德不去，新和气日至者，早服者也，故曰"早服是谓重积德"。积德而后神静，神静而后和多，和多而后计得，计得而后能御万物，能御万物则战易胜敌，战易胜敌而论必盖世，论必盖世，故曰"无不克"。无不克本于重积德，故曰"重积德则无不克"。战易胜敌，则兼有天下；论必盖世，则民人从。进兼天下，而退从民人，其术远，则众人莫见其端末。莫见其端〔末〕，是以莫知其极，故曰"无不克则莫知其极"。

凡有国而后亡之，有身而后殃之，不可谓能有其国，能保其身。夫能有其国必能安其社稷，能保其身必能终其天年，而后可谓能有其国，能保其身矣。夫能有其国保其身者，必且体道。体道，则其智深；其智深，则其会远；其会远，众人莫能见其所极。唯夫能令人不见其事极，不见其事极者为能保其身，有其国。故曰"莫知其极。莫知其极，则可以有国"。

所谓"有国之母"，母者，道也；道也者，生于所以有国之术，所以有国之术，故谓之"有国之母"。夫道以与世周旋者，其建生也长，持禄也久，故曰"有国之母，可以长久"。树木有曼根，有直根。〔直〕根者，书之所谓"柢"也。柢也者，木之所以建生也；曼根者，木之所以持生也。德也者，人之所以建生也；禄也者，人之所以持生也。今建于理者，其持禄也久，故曰"深其根"。体其道者，其生日长，故曰"固其柢"。柢固则生长，根深则视久，故曰"深其根，固其柢，长生久视之道也"。（今59）

4. 工人数变业则失其功，作者数摇徙则亡其功。一人之作，日亡半日，十日则亡五人之功矣。万人之作，日亡半日，十日则亡五万人之功矣。然则数变业者其人弥众，其亏弥大矣。凡法令更则利害易，利害易则民务变，〔民〕务变（之谓）〔谓之〕变业。故以理观之，事大众而数摇之则少成功，藏大器而数徙之则多败伤，烹小鲜而数挠之则贼其（泽）〔宰〕，治大国而数变法则民苦之。是以有道之君贵〔虚〕静，（不）〔而〕重变法，故曰"治大国者，若烹小鲜"。

人处疾则贵医，有祸则畏鬼。圣人在上，则民少欲；民少欲，则血气治而举动理；〔举动理〕，则少祸害。夫内无痤疽瘅痔之害，而外无刑罚法诛之祸者，其轻恬鬼也甚。故曰"以道莅天下，其鬼不神"。治世之民，不与鬼神相害也，故曰"非其鬼不神也，其神不伤〔人〕也"。鬼祟也疾人之谓鬼伤人，人逐除之之谓人伤鬼也。民犯法令之谓民伤上，上刑戮民之谓上伤民。民不犯法，则上亦不行刑；上下不行刑之谓上不伤人，故曰"圣人亦不伤民"。上不与民相害，而人不与鬼相伤，故曰"两不相伤"。民不敢犯法，则上内不用刑罚，而外不事利其产业。上内不用刑罚，而外不事利其产业，则民蕃息。民蕃息而畜积盛，民蕃息而畜积盛之谓有德。凡所谓祟者，魂魄去而精神乱，精神乱则无德。鬼不祟人则魂魄不去，魂魄不去（而）〔则〕精神不乱，精神不乱之谓有德。上盛畜积而鬼不乱其精神，则德尽在于民矣。故曰"两不相伤，则德交归焉"。言其德上下交盛而俱归于民也。（今60）

5. 有道之君，外无怨仇于邻敌，而内有德泽于人民。夫外无怨仇于邻敌者，其遇诸侯也外有礼义；内有德泽于人民者，其治（人）〔民〕事也务本。遇诸侯有礼义则役希起，治民事本则淫奢止。凡马之所以大用者，外供甲兵而内给淫奢也。今有道之君，外希用甲兵，而内禁淫奢。上不事马于战斗逐北，而民不以马远（淫通）〔通淫〕物，所积力唯田畴。〔积力于田畴〕，必且粪灌。故曰"天下有道，却走马以粪也"。

人君〔者〕无道（道），则内暴虐其民，而外侵欺其邻国。内暴虐则民产绝，外侵欺则兵数起。民产绝则畜生少，兵数起则士卒尽。畜生少则戎马乏，士卒尽则军危殆。戎马乏则（将）〔牸〕马出，军危殆则近臣役。马者，军之大用；郊者，言其近也。今所以给军之具于（将）〔牸〕马近臣，故曰"天下无道，戎马生于郊矣"。

人有欲则计会乱，计会乱而有欲甚，有欲甚则邪心胜，邪心胜则事经绝，事经绝则祸难生。由是观之，祸难生于邪心，邪心诱于可欲。可欲之类，进则教良民为奸，退则令善人有祸。奸起则上侵弱君，祸至则民人多伤。然则可欲之类，上侵弱君，而下伤人民。夫上侵弱君而下伤人民者，大罪也。故曰"祸莫大于可欲"。是以圣人不引五色，不淫于声乐；明君贱玩好而去淫丽。

人无毛羽，不衣则不犯寒；上不属天，而下不著地，以肠胃为根本，不食则不能活。是以不免于欲利之心。欲利之心不除，其身之忧也。故圣人衣足以犯寒，食足以充虚，则不忧矣。众人则不然，大为诸侯，小余千金之资，其欲得之忧不除也。胥靡有免，死罪时活，今不知足者之忧，终身不解，故曰"祸莫大于不知足"。

故欲利甚于忧，忧则疾生；疾生而智慧衰，智慧衰则失度量；失度量则妄举动，妄举动则祸害至；祸害至而疾婴内，疾婴内则痛，祸薄外（痛祸薄外）则苦。苦痛杂于肠胃之间，则伤人也憯，憯则退而自咎，退而自咎也生于欲利。故曰"咎莫憯于欲利"。（今46）

6. 道者，万物之所然也，万理之所稽也。理者，成物之文也；道者，万物之所以成也。故曰"道，理之者也"。物有理，不可以相薄；物有理不可以相薄，故理之为物之制。万物各异理，〔万物各异理〕而道尽。稽万物之理，故不得不化；不得不化，故无常操。无常操，是以死生气禀焉，万智斟酌焉，万事废兴焉。天得之以高，地得之以藏，维斗得〔之〕以成其威，日月得〔之〕以恒其光，五常得之以常其位，列星得之以端其行，四时得之以御其变气，轩辕得之以擅四方，赤松得之与天地（统）〔终〕，圣人得之以成文章。道与尧、舜俱智，与接舆俱狂，与桀、纣俱灭，与汤、武俱昌。以为近乎，游于四极；以为远乎，常在吾侧；以为暗乎，〔其〕光昭昭；以为明乎，其物冥冥。而功成天地，和化雷霆，宇内之物，恃之以成。凡道之情，不制不形，柔弱随时，与理相应。万物得之以死，得之以生；万（物）〔事〕得之以败，得之以成。道譬诸若水，溺者多饮之即死，渴者适饮之即生；譬之若剑戟，愚人以行忿则祸生，圣人以诛暴则福成。故得之以死，得之以生，得之以败，得之以成。

人希见生象也，而得死象之骨，案其图以想其生也，故诸人之所以意想者，皆谓之"象"也。今道虽不可得闻见，圣人执其见功

以处见其形，故曰"无状之状，无物之象"。（今14）

7. 凡理者，方圆、短长、粗靡、坚脆之分也，故理定而后〔物〕可得道也。故定理有存亡，有死生，有盛衰。夫物之一存一亡，乍死乍生，初盛而后衰者，不可谓常。唯夫与天（与）地之剖判也具（俱）生，至天地之消散也不死不衰者谓"常"（者而常）。〔而常者〕，无攸易，无定理。无定理，非在于常（所），是以不可道也。圣人观其玄虚，用其周行，强字之曰"道"，然而可论。故曰"道之可道，非常道也"。（今1）

8. 人始于生而卒于死。始之谓出，卒之谓入，故曰"出生入死"。人之身三百六十节，四肢九窍，其大具也。四肢与九窍十有三者，十有三者之动静尽属于生焉。属之谓徒也，故曰"生之徒也，十有三者"。至〔其〕死也，十有三具者皆还而属之于死，死之徒亦有十三，故曰"生之徒十有三，死之徒十有三"。凡民之生生，而生者固动，动尽则损也，而动不止，是损而不止也。损而不止则生尽，生尽之谓死，则十有三具者皆为死死地也，故曰"民之生生，而动动皆之死地，（之）〔亦〕十有三"。

是以圣人爱精神而贵处静。此甚大于兕虎之害。夫兕虎有域，动静有时。避其域，省其时，则免其兕虎之害矣。民独知兕虎之有爪角也，而莫知万物之尽有爪角也，不免于万物之害。何以论之？时雨降集，旷野闲静，而以昏晨犯山川，则（虎兕）〔风露〕之爪角害之。事上不忠，轻犯禁令，则刑法之爪角害之。处乡不节，憎爱无度，则争斗之爪角害之。嗜欲无限，动静不节，则（虚）痤疽之爪角害之。好用其私智而弃道理，则网罗之爪角害之。兕虎有域，而万害有原，避其域，塞其原，则免于诸害矣。凡兵革者，所以备害也。重生者，虽入军，无忿争之心，无忿争之心，则无所用救害之备。此非独谓野处之军也。圣人之游世也无害人之心，〔无害人之心〕则必无人害，无人害则不备人，故曰"陆行不遇兕虎"。入山不恃备以救害，故曰"入军不备甲兵"。远诸害，故曰"兕无所投其角，虎无所错其爪，兵无所〔害〕〔容〕其刃"。不设备而必无害，天地之道理也。体天地之道，故曰"无死地焉"。动无死地，而谓之"善摄生"矣。（今50）

9. 爱子者慈于子，重生者慈于身，贵功者慈于事。慈母之于弱子也，务致其福，务致其福则事除其祸，事除其祸则思虑熟，思虑熟则得事理，得事理则必成功，必成功则其行之也不疑，不疑之谓勇。圣人之于万事也，尽如慈母之为弱子虑也，故见必行之道。〔见必行之道〕则明，其从事亦不疑，不疑之谓勇。不疑生于慈，故曰"慈，故能勇"。

周公曰："冬日之闭冻也不固，则春夏之长草木也不茂。"大地不能常侈常费，而况于人乎？故万物必有盛衰，万事必有弛张，国家必有文武，官治必有赏罚。是以智士俭用其财则家富，圣人爱宝其神则精盛，人君重战其卒则民众，民众则国广，是以举之曰"俭，故能广"。

凡物之有形者，易裁也，易割也。何以论之？有形则有短长，有短长则有小大，有小大则有方圆，有方圆则有坚脆，有坚脆则有轻重，有轻重则有白黑。短长、大小、方圆、坚脆、轻重、白黑之谓理。理定而物易割也。故议于大庭而后言则立，权议之士知之矣。故欲成方圆而随其规矩，则万事之功形矣。而万物莫不有规矩。议言之士，计会规矩也。圣人尽随于万物之规矩，故曰"不敢为天下先"。不敢为天下先，则事无不事，功无不功，则议必盖世，欲无处大官，其可得乎？处大官之谓为成事长，是以故曰"不敢为天下先，故能为成事长"。

慈于子者不敢绝衣食，慈于身者不敢离法度，慈于方圆者不敢舍规矩。故临兵而慈于士吏则战胜敌，慈于器械则城坚固。故曰

"慈，于战则胜，以守则固"。夫能自全也而尽随于万物之理者，必且有天生。天生也者，生心也。故天下之道尽之生也。若以慈卫之也，事必万全，而举无不当，则谓之宝矣。故曰"吾有三宝，持而宝之"。（今69）

10. 书之所谓"大道"也者，端道也；所谓"貌施"也者，邪道也；所谓"径大"也者，佳丽也；"佳丽"也者，邪道之分也；"朝甚除"也者，狱讼繁也。狱讼繁则田荒，田荒则府仓虚，府仓虚则国贫，国贫而民俗淫侈，民俗淫侈则衣食之业绝，衣食之业绝则民不得无饰巧诈，饰巧诈则知采文，知采文之谓"服文采"。狱讼繁，仓廪虚，而有以淫侈为俗，则国之伤也，若以利剑刺之，故曰"带利剑"。诸夫饰智故以至于伤国者，其私家必富；私家必富，故曰"资货有余"。国有若是者，则愚民不得无术而效之，效之则小盗生。由是观之，大奸作〔则〕小盗随，大奸唱则小盗和。竽也者，五声之长者也，故竽先则钟瑟皆随，竽唱则诸乐皆和。今大奸作则俗之民唱，俗之民唱则小盗必和，故"服文采，带利剑，厌饮食，而（货资）〔资货〕有余者，是之谓盗竽矣"。（今53）

11. 人无愚智，莫不有趋舍。恬淡平安，莫不知祸福之所由来。得于好恶，怵于淫物，而后变乱。所以然者，引于外物，乱于玩好也。恬淡有趋舍之义，平安知祸福之计。而今也玩好变之，外物引之，引之而往，故曰"拔"。至圣人不然，一建其趋舍，虽见所好之物不能引，不能引之谓"不拔"。一于其情，虽有可欲之类，神不为动，神不为动之谓"不脱"。为人子孙者体此道，以守宗庙不灭之谓"祭祀不绝"。身以积精为德，家以资财为德，乡国天下皆以民为德。今治身而外物不能乱其精神，故曰"修之身，其德乃真"。真者，慎之固也。治家〔者〕，无用之物不能动其计，则资有余，故曰"修之家，其德有余"。治乡者行此节，则家之有余者益众，故曰"修之乡，其德乃长"。治邦者行此节，则乡之有德者益众，故曰"**修之邦，其德乃丰**"。莅天下者行此节，则民之生莫不受其泽，故曰"**修之天下，其德乃普**"。修身者以此别君子小人，治乡治邦莅天下者各以此科适观息耗，则万不失一。故曰"**以身观身，以家观家，〔以乡观乡〕，以邦观邦，以天下观天下。吾奚以知天下之然也？以此**"。

（今 54）

喻老第二十一

1. 天下有道，无急患，则曰静。遽传不用，故曰："**却走马以粪。**"天下无道，攻击不休，相守数年不已，甲胄生虮虱，燕雀处帷幄，而兵不归，故曰"**戎马生于郊**"。

翟人有献丰狐、玄豹之皮于晋文公。文公受客皮而叹曰："此以皮之美自为罪。"夫治国者以名号为罪，徐偃王是也；（则）以城与地为罪，虞、虢是也，故曰"**罪莫大于可欲**"。

智伯兼范、中行而攻赵不已，韩、魏反之，军败晋阳，身死高梁之东，遂卒被分，漆其首以为溲器，故曰"**祸莫大于不知足**"。

虞君欲屈产之乘与垂棘之璧，不听宫之奇，故邦亡身死，故曰"**咎莫憯于欲得**"。

邦以存为常，霸王其可也；身以生为常，富贵其可也。不欲自害，则邦不亡，身不死，故曰"**知足之为足矣**"。（今 46）

2. 楚庄王既胜，狩于河雍，归而赏孙叔敖。孙叔敖请汉间之地，沙石之处。楚邦之法，禄臣再世而收地，唯孙叔敖独在。此不以其邦为收者，瘠也，故九世而祀不绝，故曰"**善建不拔，善抱不脱，子孙以其祭祀，世世不辍**"，孙叔敖之谓也。（今 54）

3. 制在己曰重，不离位曰静。重则能使轻，静则能使躁，故曰"重为轻根，静为躁君。故曰君子终日行，不离辎重也"。邦者，人君之辎重也。主父生传其邦，此离其辎重者也。故虽有代、云中之乐，超然已无赵矣。主父，万乘之主，而以身轻于天下。无势之谓轻，离位之谓躁，是以生幽而死，故曰"轻则失臣，躁则失君"，主父之谓也。（今26）

4. 势重者，人君之渊也。君人者，势重于人臣之间，失则不可复得也。简公失之于田成，晋公失之于六卿，而邦亡身死，故曰"鱼不可脱于深渊"。赏罚者，邦之利器也，在君则制臣，在臣则胜君。君见赏，臣则损之以为德；君见罚，臣则益之以为威。人君见赏，而人臣用其势；人君见罚，而人臣乘其威，故曰"邦之利器，不可以示人"。

越王入宦于吴，而观之伐齐以弊吴。吴兵既胜齐人于艾陵，张之于江、济，强之于黄池，故可制于五湖，故曰"将欲翕之，必固张之；将欲弱之，必固强之"。晋献公将欲袭虞，遗之以璧马；知伯将袭仇由，遗之以广车，故曰"将欲取之，必固与之"。起事于无形，而要大功于天下，是谓微明。处小弱而重自卑，谓损弱胜强也。（今36）

5. 有形之类，大必起于小；行久之物，族必起于少，故曰"天下之难事必作于易，天下之大事必作于细"，是以欲制物者于其细也，故曰"图难于其易也，为大于其细也"。千丈之堤，以蝼蚁之穴溃；百尺之室，以突隙之（烟）〔熛〕焚。故曰：白圭之行堤也塞其穴，丈人之慎火也涂其隙。是以白圭无水难，丈人无火患。此皆慎易以避难，敬细以远大者也。扁鹊见蔡桓公，立有间，扁鹊曰："君有疾在腠理，不治将恐深。"桓侯曰："寡人无〔疾〕。"扁鹊出，桓侯曰："医之好治不病以为功。"居十日，扁鹊复见曰："君之病在肌肤，不治将益深。"桓侯不应。扁鹊出，桓侯又不悦。居十日，扁鹊复见曰："君之病在肠胃，不治将益深。"桓侯又不应。扁鹊〔出〕，桓侯又不悦。居十日，扁鹊望桓侯而还走，桓侯故使人问之。扁鹊曰："疾在腠理，汤熨之所及〔也〕；在肌肤，针石之所及也；在肠胃，火齐之所及也；在骨髓，司命之所属，无奈何也。今在骨髓，臣是以无请也。"居五日，桓侯体痛，使人索扁鹊，已逃秦矣。桓侯遂死。故良医之治病也，攻之于腠理，此皆争之于小者也。夫事之祸福亦有腠理之地，故圣人蚤从事焉。（今63）

6. 昔晋公子重耳出亡，过郑，郑君不礼。叔瞻谏曰："此贤公子也，君厚待之，可以积德。"郑君不听。叔瞻又谏曰："不厚待之，不若杀之，无令有后患。"郑君又不听。及公子返晋邦，举兵伐郑，大破之，取八城焉。晋献公以垂棘之璧假道于虞而伐虢，大夫宫之奇谏曰："不可。唇亡而齿寒，虞、虢相救，非相德也。今日晋灭虢，明日虞必随之亡。"虞君不听，受其璧而假之道。晋已取虢，还，反灭虞。此二臣者，皆争于腠理者也，而二君不用也。然则叔瞻、宫之奇亦虞、郑之扁鹊也，而二君不听，故郑以破，虞以亡，故曰"其安，易持也。其未兆，易谋也"。（今64）

7. 昔者纣为象箸，而箕子怖。以为象箸，必不加于土铏，必将犀玉之杯；象箸玉杯，必不羹菽藿，必旄象豹胎；旄象豹胎，必不衣短褐而食于茅屋之下，则锦衣九重，广室高台。吾畏其卒，故怖其始。居五年，纣为肉圃，设炮烙，登糟丘，临酒池，纣遂以亡。故箕子见象箸以知天下之祸，故曰"见小曰明"。（今52）

8. 句践入宦于吴，身执干戈为吴王洗马，故能杀夫差于姑苏。文王见詈于（王）〔玉〕门，颜色不变，而武王擒纣于牧野，故曰"守柔曰强"。越王之霸也不病宦，武王之王也不病詈，故曰"圣人

之不病也，以其不病，是以无病也"。（今71）

9. 宋之鄙人得璞玉而献之子罕，子罕不受。鄙人曰："此宝也，宜为君子器，不宜为细人用。"子罕曰："尔以玉为宝，我以不受子玉为宝。"是以鄙人欲玉，而子罕不欲玉，故曰"欲不欲，而不贵难得之货"。（今3）

10. 王寿负书而行，见徐冯于周。（塗）〔徐〕冯曰："事者为也，为生于时，知者无常事。书者言也，言生于知，知者不藏书。今子何独负之而行？"于是王寿因焚书而儛（舞）之。故知者不以言谈教，而慧者不以藏书箧，此世之所过也，而王寿复之，是学不学也，故曰"学不学，复归众人之所过也"。

夫物有常容，因乘以导之，因随物之容，故静则建乎德，动则顺乎道。宋人有为其君以象为楮叶者，三年而成。丰杀茎柯，毫芒繁泽，乱之楮叶之中而不可别也。此人遂以功食禄于宋邦。列子闻之曰："使天地三年而成一叶，则物之有叶者寡矣。"故不乘天地之资而载一人之身，不随道理之数而学一人〔之〕智，此皆一叶之行也。故冬耕之稼，后稷不能羡也；丰年大禾，臧获不能恶也。以一人力，则后稷不足；随自然，则臧获有余，故曰"恃万物之自然，而不敢为也"。（今64）

11. 空窍者，神明之户牖也。耳目竭于声色，精神竭于外貌，故中无主。中无主，则祸福虽如丘山，无从识之，故曰"不出于户，可以知天下；不窥于牖，可以知天道"。此言神明之不离其实也。

赵襄主学御王（子）〔于〕期，俄而与期逐，三易马而三后。襄主曰："子之教我御，术未尽也？"对曰："术已尽，用之则过也。凡御之所贵：马体安于车，人心调于马，而后可以进速致远。今君后则欲逮臣，先则恐逮于臣。夫诱道争远，非先则后也，而先后心在于臣，上何以调于马？此君之所以后也。"

白公胜虑乱，罢朝，倒杖而策锐贯颐，血流至于地而不知。郑人闻之曰："颐之忘，将何（为）〔不〕忘哉！"故曰"其出弥远者，其智弥少"。此言智周乎远，则所遗在近也。是以圣人无常行也。能并智，故曰"不行而知"。能并视，故曰"不见而明"。随时以举事，因资而立功，用万物之能而获利其上，故曰"不为而成"。（今47）

12. 楚庄王莅政三年，无令发，无政为也。右司马御座，而与王隐曰："有鸟止南方之阜，三年不翅，不飞不鸣，嘿然无声，此为何名？"王曰："三年不翅，将以（观）长羽翼；不飞不鸣，将以观民则。虽无飞，飞必冲天；虽无鸣，鸣必惊人。子释之，不榖知之矣。"处半年，乃自听政。所废者十，所起者九，诛大臣五，举处士六，而邦大治。举兵诛齐，败之徐州，胜晋于河雍，合诸侯于宋，遂霸天下。庄王不为小害善，故有大名；不蚤见示，故有大功，故曰"大器晚成，大音希声"。（今41）

13. 楚庄王欲伐越，（杜）〔庄〕子谏曰："王之伐越，何也？"曰："政乱兵弱。"（杜）〔庄〕子曰："臣（愚）患（之智）〔智之〕如目也，能见百步之外，而不能自见其睫。王之兵自败于秦、晋，丧地数百里，此兵之弱也；庄（蹺）蹻为盗于境内，而吏不能禁，此政之乱也。王之弱乱，非越之下也，〔而〕欲伐越，此智之如目也。"王乃止。故知之难，不在见人，在自见，故曰"自见之谓明"。

子夏见曾子。曾子曰："何肥也？"对曰："战胜，故肥也。"曾子曰："何谓也？"子夏曰："吾入见先王之义则荣之，出见富贵之乐又荣之，两者战于胸中，未知胜负，故臞。今先王之义胜，故肥。"是以志之难也，不在胜人，在自胜也，故曰"自胜之谓强"。（今33）

14. 周有玉版，纣令胶鬲索之，文王不予；费仲来求，因予之。是胶鬲贤而费仲无道也。周恶贤者之得志也，故予费仲。文王举太公于渭滨者，贵之也；而资费仲玉版者，是爱之也，故曰"不贵其师，不爱其资，虽知大迷，是谓要妙"。（今27）